Ovidie & Diglee

Du musst das alles *nicht* ...

orlanda
reihe kids bewegt

Inhalt

Du musst das alles nicht …

Eine (wichtige!) Klarstellung zu Beginn: Einige Passagen in diesem Buch handeln von Vulva, Vagina und Uterus, aber sämtliche auf den folgenden Seiten beschriebenen Sexismen betreffen alle Mädchen, egal, ob cisgender (Personen, deren Geschlechtsidentität mit dem Geschlecht übereinstimmt, das nach der Geburt verkündet wurde), transgender (Personen, deren Geschlechtsidentität nicht mit dem Geschlecht übereinstimmt, das nach der Geburt verkündet wurde) oder intergeschlechtliche Mädchen (Personen, deren körperliche Geschlechtsmerkmale nicht eindeutig dem männlichen oder weiblichen Geschlecht zugeordnet werden, die sich aber trotzdem als Mädchen fühlen). Ihre Anatomie mag zwar unterschiedlich sein, aber der Inhalt dieses Buches betrifft sie alle gleichermaßen.

Warst du irgendwann schon einmal in einer Situation, die du dir nicht selbst ausgesucht hast, aber alle versuchen dir weiszumachen, dass es deine Entscheidung war? Mir passiert das ständig. Das ist frustrierend. Vor allem sehe ich die Falle jedes Mal schon von Weitem und tappe doch immer wieder hinein. Die Falle, das sind »Erwartungen«. In diesem Buch wirst du sehen, dass das ein Begriff ist, den ich oft verwende. Aber worum geht es dabei eigentlich?

Eine Erwartung ist, wenn wir uns gezwungen fühlen, etwas zu tun, wozu wir eigentlich keine Lust haben, obwohl uns eigentlich niemand dazu zwingt. Das ist noch gefährlicher als ein tatsächlicher Zwang, denn die Erwartung lässt uns glauben, dass wir die Entscheidung selbst getroffen haben. Noch dazu ist sie auch aggressiver als ein einfacher Vorschlag, denn wenn wir eine Erwartung nicht erfüllen, müssen wir möglicherweise später dafür bezahlen.

Ein Beispiel: Es gibt im deutschen Recht keine Bestimmung, die eine Frau dazu zwingt, auf ihr Gewicht zu achten. Es gibt keine gesetzliche Verpflichtung zum Dünnsein. Aber die »Wahl« haben wir auch nicht wirklich, denn wenn wir uns der Diktatur des Dünnseins widersetzen, drohen Spott und Diskriminierung.

Ein anderes Beispiel: Niemand sperrt uns im Bad ein und zwingt uns dazu, unsere Beine zu enthaaren. Trotzdem fühlen wir uns oft dazu gezwungen, um den Vorstellungen zu entsprechen, die ständig überall kommuniziert werden, beispielsweise in der Werbung, in Serien, in Filmen ... Wir fühlen uns also gezwungen, dem zu entsprechen, was die Gesellschaft glaubt, wie wir zu sein oder auszusehen haben.

Und voilà, das ist eine Erwartung! Sie zwingt uns dazu, etwas zu tun, um einer Norm zu entsprechen, und gleichzeitig fühlt es sich für uns so an, als ob das ganz allein unsere Entscheidung ist. Die Erwartung hält uns gefangen, und doch lässt sie uns in dem Glauben, den Schlüssel zum Kerker zu haben und hinausgehen zu können, wann immer wir wollen.

Es gibt unglaublich viele Erwartungen, die den Körper und die Sexualität von Mädchen betreffen. Ich möchte, dass es dir mit diesem

Buch gelingt, sie zu erkennen und herauszufinden, welchen Stellenwert sie in unserem Leben haben, ich möchte, dass dir dieses Buch hilft, dich davon zu befreien.

Ich habe sie in drei Bereiche unterteilt: Erwartungen in Bezug auf den Körper und Schönheitsnormen, Erwartungen, die unser Verhältnis zu anderen und unsere Sexualität betreffen, und schließlich die Erwartungen, die direkt von der Pornografie inspiriert sind. Es ist mir sehr wichtig, dass wir uns mit dieser letzten Art von Erwartungen beschäftigen, ob du nun Pornos schaust oder nicht, denn selbst wenn du das nicht öfter tust, hast du bestimmt schon mal irgendwo einen Porno gesehen, und deine Sexualpartner*innen vermutlich auch. Außerdem werden die Codes der Pornografie in der Popkultur immer präsenter (Musikvideos, Serien, Werbung, Kino, Videospiele ...).

Die Erwartungen im Zusammenhang mit dem Körper und der Sexualität betreffen natürlich auch nicht-binäre Jugendliche und cis Jungs. Warum richtet sich das Buch dann nicht auch direkt an sie? Es wäre sicherlich echt interessant, die ganzen Erwartungen an ihre Männlichkeit zu betrachten, denen sie von klein auf ausgesetzt sind, aber dafür müsste man ein ganz eigenes Buch schreiben. Wir mussten eine Wahl treffen und deshalb ist dieses Buch in erster Linie für alle sich als weiblich identifizierenden Personen gedacht, die von der Gesellschaft mit widersprüchlichen Erwartungen bezüglich ihres Aussehens und ihrer Sexualität konfrontiert werden. Für die Mädchen, denen man einreden möchte, dass etwas mit ihrem Körper nicht stimmt. Diese Mädchen, das sind wir, du und ich. Und gemeinsam wollen wir überlegen, wie wir das alles ändern können. Bis wir eines Tages nie mehr das Gefühl haben, dieses und jenes tun oder so und so sein zu müssen.

… dich mit anderen Mädchen vergleichen

Die »intrasexuelle Konkurrenz« ist ein Konzept, das vage auf wissenschaftlichen Beobachtungen und auf der Evolutionsbiologie beruht, die zeigen will, dass die Weibchen einer Gruppe natürlich miteinander konkurrieren, um die Fortpflanzung und das Überleben zu sichern.

Schon von frühester Kindheit an werden wir in der Vorstellung erzogen, wir müssten die Schönsten, die Klügsten, die Höflichsten sein, dass wir es schaffen müssen, das ganze Interesse von Eltern, Lehrer*innen und sogar von Jungs allein auf uns zu ziehen. Wir sollen möglichst die Tollste in der Gruppe sein, die Schönste im ganzen Land, die Begehrenswerteste von allen. Aber um die einsame Spitze zu sein, müssen wir zunächst **alle anderen beiseiteräumen**.

Diese Idee der Rivalität beruht auf Darwins Forschungen und der Theorie der natürlichen Selektion, von der du vielleicht schon im Biologieunterricht gehört hast. Tatsächlich wurde bei Tieren ein selektives Verhalten der Weibchen bestimmter Arten beobachtet. Sie bevorzugen bestimmte männliche Artgenossen aufgrund ihrer Fortpflanzungsfähigkeit. Einfach ausgedrückt: Um sich die besten Erzeuger für ihren Nachwuchs zu schnappen, legen die Weibchen Konkurrenzverhalten an den Tag. Viele waren versucht, dieses

Verhalten auf den Menschen zu übertragen, was zu der folgenden sexistischen Vereinfachung geführt hat: Mädchen sind dazu verurteilt, sich gegenseitig wegen eines Jungen oder eines Kleids im Sale die Augen auszukratzen. Aber ... wir sind nun mal keine Tiere! Oder besser gesagt, wir sind soziale Tiere und unsere Verhaltensweisen sind größtenteils durch unsere Erziehung und unser kulturelles Umfeld geprägt. Der Konkurrenzkampf zwischen Mädchen ist weder **angeboren** noch unausweichlich. Dennoch beobachten wir so etwas viel zu oft und bekommen ihn am eigenen Leib zu spüren, wenn sich Mädchen zusammentun, um uns fertigzumachen.

»Angeboren« nennt man etwas, womit man geboren wird. Im Gegensatz dazu wird etwas als »erlernt« bezeichnet, wenn es das Ergebnis unserer Erziehung und der Umwelt ist, in der wir leben. Du kannst dir sicher denken, dass wir nicht genetisch darauf programmiert sind, gegeneinander zu kämpfen!

In den Zeichentrickfilmen, die du als Kind gesehen hast, in Realityshows oder in fast allen romantischen Komödien wird von der Gesellschaft und der Popkultur geschickt der Konkurrenzkampf zwischen neidischen Mädchen angestachelt. Daher kommen dann eben unsere Komplexe: zu dick, zu dünn, zu viele Pickel, zu haarig ...

Denn in Wirklichkeit ist die heutige Gesellschaft nicht daran interessiert, dass Frauen aufhören, sich miteinander zu vergleichen. Eher im Gegenteil, denn dieses Vergleichen versetzt sie in einen ständigen Zustand der Unsicherheit, der sie zu völlig widersprüchlichen Verhaltensweisen verleitet. Kannst du dir vorstellen, wie es wäre, wenn Frauen ganz viel Selbstbewusstsein hätten und sich in ihrer Haut wohlfühlen würden, wenn wir nicht ständig Komplexe hätten, wenn wir aufhören würden, uns mit Models, Instagrammer*innen, Stars oder auch nur mit unserer besten Freundin zu vergleichen, die das Glück hat, bildhübsch zu sein? Wir würden aufhören, uns selbst zu verletzen, wir würden nicht mehr so viel Geld für Make-up, unnötige Produkte und anderen Kram zum Fenster rauswerfen, wir bräuchten keine sogenannten Wunderdiäten mehr machen, und vor allem könnten wir eine friedlichere Beziehung zu anderen Mädchen haben.

Kennst du den alten Grundsatz »Teile und herrsche«? Solange die Frauen zu sehr damit beschäftigt sind, sich gegenseitig zu bekämpfen, denken sie nicht daran, sich zusammenzuschließen und vereint den gemeinsamen Feind zu besiegen!

Tatsächlich ist aber ein anderer Weg möglich. Ein Weg, auf dem man sich über die Erfolge der anderen freut, ein Weg, auf dem man sich gegenseitig hilft, ein Weg, auf dem die Mädchen gemeinsam die stärksten sind: der Weg der »Schwesterlichkeit«. Schwesterlichkeit bedeutet nicht, dass ihr jetzt alle gleich BFFs werden müsst, sondern dass Mädchen sich gegenseitig gegen Ungerechtigkeiten und gemeinsame Feinde unterstützen. Zugegeben, daran müssen wir ein wenig arbeiten und es ist total ungewohnt, denn niemand hat uns beigebracht, uns so zu verhalten. Aber du wirst sehen, wenn du es täglich versuchst, kannst du dadurch etwas bewegen. Es ist auch ziemlich lustig, das zu beobachten, und damit können wir alle richtig viel Power bekommen. Denn eine Gruppe von Mädchen, die sich alle gegenseitig respektieren, kann viel mehr erreichen, als Mädchen, die ständig im Zickenkrieg miteinander sind.

SCHWESTERLICHKEIT

Schwesterlichkeit im Alltag ist ganz einfach:

- Ein Mädchen wird in der Schule oder auf Social Media gedisst: Mach einfach nicht mit. Auch wenn du sie nicht magst. Kipp kein Öl ins Feuer, du hast dabei nichts zu gewinnen. Und wenn du selbst irgendwann einmal in so einer Situation bist, wirst du froh sein, wenn die anderen Mädchen nicht mitmachen.
- Kritisiere nie das Äußere eines anderen Mädchens. Einerseits, weil es sie verletzten könnte, andererseits, weil das Verhaltensweisen sind, die sich eines Tages auch gegen dich richten könnten.
- Eine deiner Freundinnen ist sehr hübsch, alle sagen das. Das ist toll für sie! Ihre Schönheit nimmt dir nichts von deiner Schönheit weg. Ganz allgemein hast du keinen Grund, dich von den Erfolgen eines anderen Mädchens bedroht zu fühlen. Und sie hat auch noch gute Noten? Sie hat es an die Schule oder in den Profilzweig geschafft, wo du auch gern hinmöchtest? Freu dich für sie! Sie nimmt dir nichts weg, sie macht das nicht, um dich runterzumachen, sie ist keine Gefahr für dich.
- Gewöhn dir an, andere Mädchen bei dem, was sie tun, zu ermutigen und zu loben. Sei niemals schadenfroh über den Misserfolg anderer, das ist total sinnlos und bringt dir nichts.
- Vergleiche dich nicht mit Fotos auf Instagram oder anderswo. In den sozialen Netzwerken inszenieren sich doch alle, das ist dir bestimmt eh klar. Brust raus, Bauch rein, Make-up, Filter, das ist alles ... außer real!
- Betrachte dich nicht in deinen Einzelteilen. Filme, Serien und auch die Schönheits- und Modeindustrie bringen uns dazu, unsere einzelnen Körperteile losgelöst voneinander wahrzunehmen: Bei weiblichen Charakteren wird der Körper in allen Details gezeigt, das Gesicht jedoch kaum, es gibt Nahaufnahmen

von Augen, Mund, Brüsten ... und dann brauchen wir angeblich Cremes für die Füße, für das Gesicht, Pflege für die Haare ... Aber du bist ein Ganzes, eine Person, die in ihrer Gesamtheit betrachtet werden muss. Und diese Harmonie ist es, die dich einzigartig macht.

... eine Diät machen

In Deutschland sind 63 % der Frauen unzufrieden mit dem, was die Waage ihnen anzeigt. Aber nur 24 % sind tatsächlich mehrgewichtig. Es gibt also eine Diskrepanz zwischen der Realität und der Art und Weise, wie wir uns selbst wahrnehmen. Diese Tendenz, uns selbst als viel dicker wahrzunehmen, als wir tatsächlich sind, nennt man **Dysmorphophobie**. Und viele von uns leiden darunter.

Der BMI (Body-Mass-Index), auch Körpermasseindex, wird anhand von Größe und Gewicht einer Person berechnet, um das Körpergewicht zu klassifizieren. In der Theorie liegt ein sogenannter »normaler« BMI zwischen 18 und 25. Das empfehlen Ärzt*innen, um gesund zu bleiben, auch wenn diese Zahlen ein wenig willkürlich sind und je nach Körperbau und sportlicher Betätigung variieren.

Die Industrie nutzt diese Unsicherheit schon seit Jahrzehnten aus, um uns alles Mögliche anzudrehen.

Der Markt für Schlankheitsmittel beläuft sich auf ca. 2,5 Milliarden Euro pro Jahr. Zu dieser Zahl kann man noch den Fitnessmarkt (2,5 Milliarden Euro), den Markt für Diätprodukte (2,5 Milliarden Euro) und fettreduzierte Produkte (1,5 Milliarden Euro) hinzurechnen, sowie den Markt für Bücher, Frauenzeitschriften und deren »Diät-Specials«, die diversen Coach*innen und Videoblogger*innen auf YouTube, die Massen an Blogs, Podcasts usw. Im Endeffekt, du hast es kapiert, geht es natürlich darum, Frauen etwas zu verkaufen, was sie eigentlich gar nicht brauchen. Und die meisten weiblichen Teenager erst recht nicht, denn 70 % von ihnen haben einen völlig normalen **BMI**.

Endokrine Disruptoren sind Stoffe, die alles stören, was in unserem Körper mit Hormonen zu tun hat.

Unser Gewicht ist abhängig von vielen Faktoren: von unseren Genen, der Ernährung und dem Zugang zu frischen Lebensmitteln, denn industriell verarbeitete Lebensmittel sind zwar billiger, enthalten aber mehr Zucker, Fett, Salz und möglicherweise **endokrine Disruptoren**. Unser Gewicht ist zudem auch abhängig vom Zugang zu sportlichen Aktivitäten (nein, nicht alle können sich eine Mitgliedschaft im Fitnessstudio oder einem Sportverein leisten), Hormonschwankungen (Verhütungsmittel, Wassereinlagerungen und Brustschwellung vor der Menstruation) ...

Es gibt keinen Grund für dich, eine Diät zu machen, es sei denn, es ist aus gesundheitlichen Gründen wirklich notwendig und ein*e Ärzt*in hat es dir empfohlen. Deine Gesundheit ist das Wichtigste, was du hast: Iss dich satt, iss Gemüse (und Hülsenfrüchte ... ja, diese Linsen, die so unscheinbar aussehen, ich schwöre dir, sie sind perfekt für deine Gesundheit). Glaub bloß nicht diesen dummen Diäten, die dir raten, keine Kohlenhydrate mehr zu essen, du brauchst sie, um satt zu werden. Was du aber tatsächlich machen kannst, wenn du Lust darauf und die Möglichkeit dazu hast, ist, so wenig wie möglich tierische Produkte zu essen, denn das ist gut für den Planeten.

Zwinge dich nie zum Hungern, das ist unnötig, gewalttätig und kontraproduktiv.

Das ist nicht nur verschwendete Energie, sondern du riskierst auch, in die Mühlen von Essstörungen (Anorexie, Bulimie) zu geraten. Und es ist echt gefährlich für deine Gesundheit: Wenn du aufhörst zu essen, wirst du immer schwächer, deine Periode kann ausbleiben, du kannst Konzentrationsprobleme bekommen, wenn du dich absichtlich erbrichst, kannst du deine Zähne und deine Speiseröhre schädigen, und außerdem riskierst du, dass dein Gewicht dein ganzes Leben lang wie ein Jo-Jo hoch- und runtergeht. Ich weiß, wovon ich spreche, bei mir ist das so und es ist die Hölle, glaub mir.

Kurz gesagt: Lass dich nicht auf eine Wunderdiät ein, wirf dein Geld nicht für Koffeincremes oder was weiß ich was zum Fenster raus, es funktioniert nicht. Diese Schlankheitsindustrie bereichert sich an unseren Komplexen und beruht auf unhaltbaren Versprechungen.

Frauen schon in jungen Jahren einzureden, dass sie ein Problem mit ihrem Körper haben, ist eine uralte Technik, die dazu dient, sie zu schwächen: Denn das ist Zeit, Geld und Motivation, die sie nicht in andere Dinge investieren.

Einem Mädchen jeden Tag zu sagen, dass sie dick ist, ist eine furchtbare Art und Weise, ihr ihr Selbstvertrauen zu nehmen und sie so richtig runterzumachen. Lass dich nie von jemandem dazu bringen, an deinem Wert zu zweifeln. Du bist nicht besser oder schlechter als andere, du hast deinen Platz in dieser Welt, du musst gegen niemanden kämpfen, du bist einfach nur du, und das allein ist schon wunderbar.

Der Tag, an dem Schlumpfine Angst hatte, zu dick geworden zu sein

Erinnerst du dich noch an Schlumpfine? Diese bösartige Kreatur, die von Gargamel geschickt wurde, um Unfrieden in der friedlichen (und sehr männlichen!) Gemeinschaft der Schlümpfe zu verbreiten. Weil ein Mädchen »bloß Ärger macht«, das ist ja allgemein bekannt. Bis Papa Schlumpf einen Trick findet, um ihre zerstörerische Kraft auszuschalten: ihre Klamotten enger machen, einen Zerrspiegel anbringen, ihre Waage verstellen, damit sie glaubt ... sie hätte zugenommen. In Panik bei der Vorstellung, »dick« geworden zu sein, und zu sehr damit beschäftigt, sich selbst zu hassen, stellt Schlumpfine keine Gefahr mehr dar. Papa Schlumpf verwandelt sie daraufhin in ein hübsches, kleines blondes Wesen, und alle Schlümpfe verlieben sich in sie. Eine einzige Frau für ein ganzes Dorf. Ja, das ist echt total creepy!

Du hast verstanden, dass du dich dieser Diktatur des Dünnseins nicht beugen musst. Du musst keine Diäten machen und von deinem Gewicht besessen sein. Aber ... wie ich und wie alle anderen, tust du natürlich, was du kannst. Denn auch wenn uns bewusst ist, dass der Ursprung der Schlankheitsindustrie im Sexismus und der Kontrolle über die Körper der Frauen (und ihre Portemonnaies) liegt, so sind uns doch die Normen, die man uns aufzwingen möchte, nicht komplett egal. Diäten auf dem Papier zu kritisieren, ist eine Sache, aber es ist etwas ganz anderes, sich wirklich wohl in seiner Haut zu fühlen, wenn die gesamte Gesellschaft uns weismachen will, dass es ein Problem mit unserer Figur gibt, dass sie nie toll genug sein wird, und dass alles, was wir tun, sowieso nie ausreicht.

#HilfeIchwar1StundeaufInsta

Diese ganze Flut von Bildern mit »perfekten« Körpern, total in shape, gephotoshoppt und mit dem Skalpell von Schönheitschirurg*innen aufgehübscht, lässt dich sicher nicht kalt. Du fühlst dich oft total entmutigt, wenn du die Fotos siehst, die Influencer*innen beim Yoga oder HIIT posten ... Das ist normal! Denn diese perfekten Körper gibt es nicht, oder man schafft das nur mit eiserner Disziplin, totaler Entbehrung und oft auch nur mit extrem viel Kohle, was für unsere finanziellen Mittel völlig utopisch ist. Mach dir mal klar, wenn ein Hollywoodstar in vier Monaten sämtliche Schwangerschaftskilos verliert und 15 Jahre jünger aussieht, dann liegt das daran, dass es ihr Beruf ist, sich voll und ganz ihrem Aussehen zu widmen. Die Welt der sozialen Medien ist eine unwirkliche Welt voller unwirklicher Darstellungen. Es bringt also nichts, sich selbst wehzutun oder sich abzuwerten, indem man sich mit den Mädchen und Frauen dort vergleicht.

… deine Körperhaare entfernen

Räumen wir doch erst mal mit ein paar alten Annahmen auf:

- Nein, es ist nicht »männlich«, Haare am Körper zu haben. Man bekommt bloß nicht so oft Körperhaare bei Frauen zu sehen, denn sie verbringen einen beträchtlichen Teil ihres Lebens damit, sie verschwinden zu lassen. Eigentlich haben bloß Kinder keine Körperhaare, denn ab der Pubertät sprießen bei allen Menschen am Körper plötzlich Haare, manchmal sogar an Stellen, an denen man das eher nicht erwartet (zum Beispiel auf den Füßen, am unteren Rücken oder auf den Brüsten). Körperhaare gibt es bei Männern UND bei Frauen. Sie sind ganz einfach der Beweis, dass wir die Pubertät hinter uns gelassen haben. Nun sind Frauen ja aber keine Kinder (auch wenn manche Menschen etwas zu sehr dazu neigen, sie als solche zu sehen), und so gibt es also keinen triftigen Grund, sie zu einem haarlosen, glatten Körper zu verdammen.
- Nein, Haare sind nicht schmutzig. Wenn sie am Körper von Jungen nicht schmutzig sind, warum sollten sie es dann am Körper von Mädchen sein? Haarsträubend!
- Nein, es ist nicht »hygienischer«, sich im Intimbereich einen Hollywood Cut zu verpassen. Im Gegenteil. Die Haare sind ja

nicht umsonst da, denn sie schützen einen empfindlichen Bereich. Die vollständige Haarentfernung fördert Reizungen der Haut und das kann zu Irritationen führen und die (gute) Vaginalflora stören, die dich nämlich schützt.

- Nein, es ist nicht »schöner«, denn was als »schön« gilt, ist sehr subjektiv und ändert sich je nach Epoche, Kultur und Mode. Niemand hat jemals in Stein gemeißelt, dass Haare am Körper von Frauen hässlich sind. Da muss bloß mal diese oder jene Berühmtheit medienwirksam ihre Körperhaare zeigen und schon wird es eher akzeptiert – oder sogar zum Trend.

In den letzten Jahren sieht man immer mehr Personen des öffentlichen Lebens (Models, Schauspielerinnen, Künstlerinnen usw.) mit Haaren unter den Achseln oder an den Beinen:

- Arvida Byström, Künstlerin und Topmodel aus Schweden, war das Gesicht der Adidas-Kampagne 2017 und posierte mit unrasierten Beinen.
- Das Model Annahstasia zeigte in einer Werbekampagne für Nike 2019 ihre behaarten Achselhöhlen.
- Noch krasser: Die Quebecerin Esther Calixte-Béa – alias Queen Esie auf Instagram – posierte 2021 auf dem Titelbild der britischen Ausgabe des Magazins *Glamour* in einem kurzen, tief ausgeschnittenen Kleid und zeigte dabei ihre Haare auf der Brust und an den Oberschenkeln.
- Kürzlich sah man auch Lily-Rose Depp oder Lourdes Ciccone mit Achselhaaren, Alyssa Milano und Alicia Keys bauchfrei mit Haaren am Bauchnabel. Denn ja, dort wachsen auch welche.

Die gesellschaftlichen Erwartungen bezüglich der Enthaarung betreffen aber nicht nur den Körper, sondern auch das Gesicht: auf der Oberlippe, am Kinn oder eine Monobraue ... Es gibt viele Gründe, warum uns an manchen Stellen Haare wachsen, und meist sind sie völlig harmlos. In erster Linie ist das eine Frage von Hormonen. Natürlich fällt einem sofort der Damenbart ein, den sich viele von uns entfernen. Doch in Wirklichkeit sprießen unsere Haare völlig unkontrolliert und können an Stellen auftauchen, an denen wir es am wenigsten erwarten. Ich zum Beispiel habe weder Haare an Oberlippe noch Kinn und auch nicht einmal wirklich volle Augenbrauen, aber ich habe seit 25 Jahren einen Flaum unter den Augen. Ich habe nie verstanden, warum, er hat keinen Sinn oder irgendeine Funktion. Ich habe ihn zigmal mit einer Pinzette entfernt und die Härchen sind immer wieder gekommen. Bis ich eines Tages dachte: »Wozu machst du das eigentlich?«. Niemand sieht das, und selbst wenn, das Leben geht weiter.

Aber so ein Flaum auf der Oberlippe führt, wie alles, was bei einer Frau völlig willkürlich als »maskulin« angesehen werden kann, bisweilen zu ziemlich brutalen Reaktionen. Manche Männer reagieren völlig unverständlich auf Frauen, die einen leichten Oberlippenbart haben. Die einzige Erklärung dafür ist, dass sie sich vielleicht ihrer Männlichkeit beraubt fühlen. Oder sie sind verunsichert, weil so etwas ihre grundlegende Vorstellung von den Geschlechtern infrage stellt, eben diese feste Idee, was und wie Mädchen und Jungs sein sollten.

Eine kurze Geschichte des Hollywood Cut

Die Sache mit der vollständigen Enthaarung des Intimbereichs, auch Hollywood Cut oder Full Brazilian genannt, ist noch einmal etwas ganz anderes. Zunächst einmal ist diese Enthaarungspraxis in erster Linie generationsabhängig. 73 % der jungen Frauen zwischen 18 und 25 Jahren enthaaren sich die großen Vulvalippen. Über Teenies gibt es kaum Statistiken, aber es ist bekannt, dass ein nicht unerheblicher Teil von ihnen sich enthaart, bevor sie überhaupt sexuell aktiv werden. Einige junge Männer eurer

Generation wissen nicht einmal, dass ihr an dieser Stelle eigentlich Haare habt, da sie noch nie in ihrem Leben Intimhaare gesehen haben!

Diese Norm der vollständigen Haarentfernung ist neu: Vor 20 Jahren gab es das überhaupt noch nicht. Es war sogar fast unmöglich, eine Kosmetikerin zu finden, die zu dieser Enthaarung bereit war, und man musste Termine in speziellen Salons vereinbaren. Heutzutage ist es unmöglich, Dessous zu finden, die nicht in diesem Bereich megafrei geschnitten sind. Zu den völlig haltlosen Argumenten gehört die Behauptung, dass ein enthaarter Intimbereich »schöner« sei. Aha. Also ehrlich, darüber lässt sich streiten … Vor allem, wenn man dann rote Pickelchen an den großen Vulvalippen bekommt, die irgendwie nach Hautkrankheit aussehen, oder man das Gefühl hat, ein gerupftes Huhn zu streicheln, wenn man mit der Hand über seinen rasierten Vulvahügel fährt. Wenn du eines Tages an einen Typen gerätst, der möchte, dass du dich komplett enthaarst, dann mach einen Termin in einem Kosmetikstudio für ihn, wo er sich die Haare am Hodensack und im Anusbereich mit Waxing ausreißen lassen soll. Danach könnt ihr dann anfangen, das Thema zu diskutieren.

... dich zwischen den Beinen schrubben

Wenn du eine Vulva und eine Vagina hast, nützt es nichts, sie wie verrückt zu schrubben. Genauso wie man Frauen eintrichtert, dass mit ihrem Körper alles Mögliche nicht stimmt, hat man es auch geschafft, sie davon zu überzeugen, dass das auch auf ihren Intimbereich zutrifft und ihrem Slip unangenehme Gerüche entströmen. Wer hat nicht schon einmal Witze über den »Geruch der Gezeiten« gehört? Nicht umsonst nennen manche Frauen ihre Vulva »Muschel«. In unserer Kultur gibt es die tief verwurzelte Vorstellung, dass unsere Vulva abstoßend ist, stinkt und wir uns dafür schämen sollten. Lass dir nicht einreden, dass deine Pussy schlecht riecht: Sie riecht weder gut noch schlecht. Sie riecht nach Pussy, das ist alles. Und dieser Geruch kann von Person zu Person unterschiedlich sein, genau wie der Geruch von Haut.

Die Natur hat das super eingerichtet und deine Vagina verfügt über ein Selbstreinigungssystem aus Milliarden von Milchsäurebakterien, die dich vor Infektionen schützen. Es ist ein sehr empfindliches mikrobielles Gleichgewicht, das wir manchmal auch als weißen Ausfluss in unseren Slips finden. Dieser Ausfluss ist völlig normal und lediglich ein Zeichen dafür, dass alles gut funktioniert.

Versuche auf keinen Fall, mit irgendwelchen Produkten, aggressivem Einseifen oder, noch schlimmer, mit einer Vaginaldusche (bitte tu das nie!) gegen diesen Ausfluss vorzugehen. Das kann dieses Gleichgewicht stören und zu einer Pilzinfektion (die juckt) oder einer Vaginose (die dann wirklich nach vergammeltem Fisch riecht) führen. Kurz gesagt: Wenn du es mit der Sauberkeit übertreibst, hast du ganz schnell einen viel schlimmeren Geruch, als den, gegen den du vorgehen wolltest.

Außerdem wirst du feststellen, dass Männer viel seltener wegen ihres Intimgeruchs oder dem Geruch ihres Spermas genervt werden. Die Behauptung, Frauen würden nach Fisch riechen, liefert bloß einen Vorwand, um Cunnilingus (auch Intimkuss der Vulva oder Lecken genannt) zu vermeiden, während Fellatio (Blowjob) in der Regel nicht infrage gestellt wird, was die Ungleichheit in der Darstellung unserer Sexualität noch weiter verstärkt.

Das Erzeugen von Komplexen ist ebcn eine super Taktik, um einer Person ihr eigenes Vergnügen zu verwehren. Die Industrie – ja, die schon wieder – hat das verstanden und eine ganze Palette nutzloser Produkte auf den Markt gebracht, von Feuchttüchern über »geruchsneutralisierende« Seife bis hin zu Intimdeos. Du brauchst das alles nicht. Niemand braucht das.

Lass deine Vagina in Ruhe, sie kommt sehr gut allein zurecht!

Mach bloß keine Kosmetika auf deine Vulva, keine Cremes, kein Parfüm, kein Make-up. Und führe auch keine seltsamen Wundermittel ein, Intimkapseln mit Geschmacksglitzer oder Straffungsgel oder was weiß ich was. *Leave it alone.*

Heilige Mumu
Ommmm, angebetete Vulva ...
Ich liebe und respektiere dich!

... eine vaginale Untersuchung über dich ergehen lassen

Vielleicht bist du jetzt in einem Alter, in dem du zum ersten Mal zur Gynäkolog*in gehst: Du brauchst eventuell zum ersten Mal ein Rezept für ein Verhütungsmittel, hast erste Beschwerden, eine sexuell ubertragbare Krankheit (STI) oder es geht um einen Schwangerschaftsabbruch ... Eine gynäkologische Untersuchung kommt nie gelegen und viele von uns haben Angst davor. Es muss auch echt gesagt werden, dass uns unser ganzes Leben lang wegen jeder Kleinigkeit in der Vagina herumgewühlt wird, von behandschuhten Händen, mit Spekulum, Abstrichbürsten, Ultraschallsonden ... Aber einige dieser Untersuchungen sind nicht immer unbedingt notwendig.

Wenn du dich untersuchen lassen musst, gibt es bestimmte Vorkehrungen und es gibt auch einige goldene Regeln, die du kennen und beachten solltest:

- Du kannst die Person, welche dich untersuchen oder beraten soll, frei auswählen. Solange du gesund bist, musst du keinen Termin für eine gynäkologische Untersuchung machen.

Legen Sie bitte Ihre Füße in die Fußstützen.
Ich fühle mich sehr wohl, ich fühle mich sehr wohl, ich fühle mich sehr wohl, ich ...

- Wenn du dich also noch nicht bereit dazu fühlst, musst du keine vaginale Untersuchung über dich ergehen lassen, bis du 20 Jahre alt bist. Ab dem 20. Lebensjahr hingegen empfiehlt das Bundesministerium für Gesundheit, in regelmäßigen Abständen einen Pap-Test durchführen zu lassen. Das bedeutet, dass man dir ein paar Zellen aus deiner Vagina entnimmt. Diese Abstriche dienen der Früherkennung von Gebärmutterhalskrebs.

Natürlich kann eine vaginale Untersuchung auch vor dem 20. Lebensjahr notwendig sein, wenn vielleicht ein Problem, eine Infektion oder Erkrankung vorliegt ... Wenn du dir deshalb Sorgen machst, dann solltest du das ansprechen. Es gibt sicherlich Lösungen und Möglichkeiten, um die ganze Sache weniger unangenehm zu machen. Das Stahlspekulum kann durch ein Kunststoffspekulum ersetzt werden. Oder, wenn du dich wegen deiner Nacktheit sehr unwohl fühlst, dann kann ich dir verraten, dass es spezielle »gynäkologische Slips« gibt, die so konzipiert sind, dass man sich zu keinem Zeitpunkt völlig nackt fühlt, selbst mit gespreizten Beinen. Das Prinzip ist recht einfach: Es handelt sich um einen Baumwollshorty, der im Bereich der Vagina geschlitzt ist und den man bei der Untersuchung nicht ausziehen muss. Man setzt sich hin, legt die Füße in die Fußstützen, ohne das Gefühl zu haben, sich völlig zu entblößen.

- Gute Ärzt*innen sollten dir jeden Schritt erklären, den sie machen, und vor allem immer deinen Consent einholen. Zögere nicht, Fragen zu stellen, wenn du im Laufe des Termins etwas wissen möchtest. Es ist besser, das auszusprechen, was dir Sorgen bereitet, als still und verkrampft zu sein. Und wenn du dort wie ein Kind behandelt wirst oder unangebrachte Bemerkungen (über dich, deine Sexualität, deine Geschlechtsidentität, deine Sexualpartner*innen) gemacht werden, dann geh nicht wieder hin. Ich weiß, es ist schwierig, die Autorität eines weißen Kittels infrage zu stellen, vor allem wenn du noch jung bist, aber du kannst das, du hast das Recht dazu.

Wenn du medizinische Hilfe in Anspruch nimmst, dann ist das Ziel der Sache, dass es dir hinterher besser geht, und nicht, dass du dich schlecht fühlst.

… dir vorschreiben lassen, was du anziehst

Ah, die Frage der Klamotten … Ewige Diskussion. »Zu hot«, »nicht hot genug« (gemeint ist eigentlich »zu nuttig«, »nicht nuttig genug«). Ob Mädchen nun zu viel oder zu wenig anhaben, es gibt immer ein Problem mit ihren Klamotten!

Du merkst, diese Frage betrifft Jungen viel weniger, denn die können eigentlich meist das anziehen, was sie wollen, ohne dass jemand ihre Moral infrage stellt

Hier ein Beispiel aus Frankreich:
Im September 2020 haben sich viele Schülerinnen verschiedenster Schulen in Frankreich nichts vorschreiben lassen, als der französische Bildungsminister sich für eine »republikanische Kleiderordnung« in Schulen ausgesprochen hat und ihnen das Tragen von Shorts, kurzen Röcken und Crop Tops, selbst an heißen Tagen, verbieten wollte. In den Fernsehstudios liefen die Expert*innen auf, um die Vorzüge von Uniformen darzulegen, die soziale Ungleichheiten beseitigen würden. Was für ein Schwachsinn! Es ging überhaupt nicht um irgendwelche Ungleichheiten, sondern um eine klare Botschaft an junge Mädchen: Weg mit der nackten Haut!

Aber die Schülerinnen haben richtig stark reagiert: Mit ihrer Bewegung #Lundi14septembre (auf Deutsch #Montag14September), die auf TikTok und später auf Twitter (heute X) gestartet wurde, haben sie in ihren Schulen zum Widerstand aufgerufen und das Recht eingefordert, sich so zu kleiden, wie sie wollen. Das war richtig krass!

Das ist der Beweis dafür, dass eure Generation sich den reaktionären Versuchen der Älteren widersetzen kann. Vor allem: Lasst nicht locker, denn die Freiheiten, die wir haben, sind nie selbstverständlich. Im Juli 2021 hörte man den französischen Staatspräsidenten Emmanuel Macron in einem Interview sagen: »In der Schule bin ich eher dafür, dass eine ›anständige Kleidung‹ erforderlich ist.«

Unter den unhaltbaren Argumenten, die die Befürworter*innen der »republikanischen Kleiderordnung« vorbrachten, war unter anderem zu hören: »Es lenkt die Jungs ab« und, was noch schlimmer ist: »Das kann manchen Lehrern unangenehm sein«. Also, das ist echt die Höhe ... Wenn ein Lehrer sich plötzlich von einer Schülerin im Crop Top erregt fühlt, ist er das Problem, nicht die Schülerin. Und wenn allein schon der Anblick eines Mädchens in Shorts das schulische Versagen von Jungs rechtfertigt, dann ist es verdammt noch mal an der Zeit, sie zu erziehen. Mädchen sind nicht für den sexualisierten Blick auf ihren Körper verantwortlich. Anstatt Mädchen beizubringen, sich zu verstecken, sollten wir lieber den Jungs beibringen, sie zu respektieren.

Die Frage der Kleidung mag im Vergleich zu anderen Kämpfen wie dem für das Recht auf Schwangerschaftsabbruch oder für Lohngleichheit zwischen Männern und Frauen vielleicht eher nebensächlich erscheinen. Tatsächlich ist genau diese Frage aber von grundlegender Bedeutung, da damit Ungerechtigkeiten gerechtfertigt werden können. Mit dem Klamottenthema wird nämlich auch die Vergewaltigungskultur angeheizt. Wie vielen Betroffenen von Gewalt wurde die Frage gestellt: »Wie waren Sie gekleidet?«, so als ob die Länge des Rocks ein Grund für sexuelle Übergriffe oder eine Vergewaltigung sein könnte! Als ob unsere Kleidung ein Missverständnis über unsere sexuellen Absichten hervorrufen könnte! Als ob das Tragen von Minishorts Männern das Recht geben würde, über unseren Körper zu verfügen!

Rape Culture

Als »Rape Culture« oder deutsch auch Vergewaltigungskultur wird ein soziales und mediales Umfeld bezeichnet, das ein Klima schafft, in welchem Vergewaltigungen und Straflosigkeit von Vergewaltigern begünstigt werden. Das kann durch eine ganze Reihe von Faktoren passieren:

- Sexualisierte Gewalt in Filmen, Serien oder Büchern wird romantisiert dargestellt, und zwar auch schon in Medien für sehr junge Kinder (weder Schneewittchen noch Dornröschen haben darum gebeten, im Schlaf geküsst zu werden, also bitte!);
- die Schwere der Tat wird verharmlost;
- Täter werden entschuldigt oder in Schutz genommen mit Aussagen wie: »Es liegt in der Natur des Mannes!«, »Er hat sie so sehr geliebt, es war stärker als er!«, usw.;
- die Schuld wird den Betroffenen zugeschoben: »Sie trug ja einen Minirock!«, »Sie hat mich angemacht!« ...

Letztendlich wird sexistische und sexualisierte Gewalt dadurch banalisiert und sogar entschuldigt.

Ja, ich trage ein Crop Top. Und was willst du jetzt machen?

Und wenn du das Recht hast, so kurze Kleidung zu tragen, wie du möchtest, dann darfst du natürlich auch weite Kleidung tragen und deine Haut bedecken, wenn du dich so wohler fühlst. Oder vielleicht möchtest du das aus religiösen Gründen. Es gibt viele Gründe, warum eine Person eben keine Lust hat, ihren Körper zu zeigen. Vielleicht hat sie Komplexe und mag ihren Bauch, ihre Arme oder ihre Beine nicht.

Ich weiß, so manche Influencer*in würde dir wahrscheinlich raten, das Beste aus deinen Vorzügen herauszuholen, dein Dekolleté in Szene zu setzen, deinen Look oder deine Outfits mit Gürteln, Schmuck und anderen Accessoires abzurunden. Aber eigentlich kann uns das völlig egal sein. Sollen sie ihre Must-haves doch tragen, wir müssen es deshalb noch lange nicht.

Denn wenn du selbst dich in deinem Körper nicht wohlfühlst, weil du dich zu dick oder zu dünn findest, dann nützt es dir auch echt nichts, wenn diese Leute dir sagen, dass du keine Komplexe haben musst. Dann können sie ihre Ratschläge auch gleich für sich behalten.

Es kann sein, dass du deinen Körper gerne zeigen möchtest, es kann aber auch sein, dass dir sogenannte »sexy« Klamotten zu unbequem sind (zu eng, zu wenig Bewegungsfreiheit). Diese High Heels, die angeblich »eine hübsche Figur« machen, sind totaler Schrott, wenn es dir darum geht, bequem laufen zu können? Dieser enge Tanga mit superviel Spitze kneift am Hintern? Wenn dich das stört, dann musst du dir das nicht antun. Du kannst Crop Tops tragen oder dich in sogenannten »femininen« Outfits nicht wohlfühlen und lieber die zeitlose Kombi aus Jeans und T-Shirt anziehen. Die einen mögen es, ihre Brüste mit einem Push-up zu betonen, andere möchten sie lieber mit einem Binder verstecken, der sie flach drückt.

… dich schminken

Das Schminken bringt alles noch einmal auf den Punkt, wovon bisher im Buch die Rede war:

- Frauen wird gesagt, dass man sie »natürlich« mag, aber in Wirklichkeit wirft man ihnen dann vor, sich nicht ausreichend »in Szene zu setzen«;
- Frauen werden davon überzeugt, dass mit ihrem Gesicht irgendetwas nicht stimmt und sie nicht ohne Make-up aus dem Haus gehen können;
- man lässt sie glauben, dass sie nie gut genug sein werden;
- man überschüttet sie mit einem Haufen von Produkten, die sie nicht brauchen;
- und wenn sie sich aber schminken und das auch mögen, dann bekommen sie zu hören, dass sie sich zu sehr zukleistern, denn »das sieht nuttig« aus.

Das ist genau das Gleiche wie mit den Klamotten: Man sollte ausreichend Make-up tragen, um für Männer attraktiv zu sein, aber wiederum auch nicht zu viel, um nicht als Flittchen dazustehen. Wieder wird von uns ein Balanceakt verlangt zwischen dem »braven Mädchen, wie es sich gehört«, die Diskretion in Person, die die Erwartungen der Männer erfüllt, ohne zu viel Aufmerksamkeit zu erregen, und der »Schlampe, die niemand respektiert«. Das ist anstrengend.

Wir werden versuchen, dieses Dilemma gemeinsam zu lösen. Zuerst aber Folgendes: Nichts und niemand sollte dich dazu zwingen, dich zu schminken. Aber klar, siehe die Sache mit der Haarentfernung, da kannst du dir denken, dass das mit dem Schminken eben auch nicht ganz so einfach ist. Jede sechste Frau in Deutschland verzichtet nie auf Make-up. Diese Zahl ist ein bisschen zu hoch, als dass das tatsächlich unsere freie Entscheidung sein könnte ... Es ist einfach so, dass diesbezüglich ein großer Druck auf Frauen herrscht (auch wenn das alles ein bisschen tricky erscheint, denn dauernd wird überall das Nude Make-up gehypt ...). Make-up ist also ein Muss, nur sehen sollte man es nicht.

Wer sich aber weigert, diese Erwartung zu erfüllen, ist in den Augen von anderen schnell diejenige, die angesichts der Wünsche anderer kapituliert hat, das ungepflegte Mädchen, die beknackte Feministin und andere sinnlose Klischees. Dabei ist es oft einfach nur so, dass man nicht unbedingt Lust hat, eine halbe Stunde früher aufzustehen oder sein Taschengeld für Foundation auszugeben. Bereits in der Schule ist der Druck, sich zu schminken, manchmal sehr groß und mit zunehmendem Alter wird es schlimmer: Im Alter von 30, 40 oder 50 kein Make-up zu tragen, das ist dann manchmal fast schon ein Affront gegen die ganze Welt.

Eine Schauspielerin in natura

Im Jahr 2017 lehnte die Schauspielerin Sara Forestier es ab, sich für einen Fernsehauftritt schminken zu lassen. Eine komplette Katastrophe. Auf der Bühne erklärte sie: »Ich liebe Make-up, ich liebe Weiblichkeit. Ich habe kein Problem

> damit. Aber ich habe ein Problem mit Erwartungen. (...) Es gibt die Erwartung, sexy zu sein, glamourös zu sein, und eine Frau ist eben nicht nur das.«
>
> Die Reaktionen waren völlig übertrieben. Plötzlich meinten alle, sich einmischen zu müssen. Es gab Leute, die vor Freude ausgeflippt sind, als ob sie eine olympische Medaille gewonnen hätte, manche meinten, das sei ein professioneller Fehltritt gewesen, andere bezeichneten sie als hässlich und untervögelt ... Denn alles, was die Schauspielerin wollte, war offensichtlich, dass man sie in Ruhe lässt und sie entscheiden kann, was sie mit ihrem Körper und ihrem Gesicht machen möchte.

Seit 2016 setzt die Sängerin Alicia Keys auf No-Make-up, und zwar auch bei ihren öffentlichen Auftritten, und so erschien sie bei der 61. Grammy-Verleihung ohne Make-up. Dieser Aktivismus spiegelt sich auch in ihren Texten wider, so zum Beispiel in dem Song *GIRL CAN'T BE HERSELF:*

In the morning from the minute that I wake up
(Morgens, wenn ich aufwache)

What if I don't want to put on all that makeup?
(Was ist, wenn ich das ganze Make-up nicht will?)

Who says I must conceal what I'm made of?
(Wer sagt, dass ich verbergen muss, woraus ich gemacht bin?)

Maybe all this Maybelline is covering my self-esteem
(Vielleicht überdeckt das ganze Maybelline mein Selbstwertgefühl)

Aber die Sache hat trotzdem einen Haken: Alicia Keys' Beauty-Routine besteht vielleicht nicht aus Foundation für den Teint und diesem ganzen Trallala, aber sie ist trotzdem aufwendig und teuer. Nicht umsonst hat die Sängerin ihre eigene Hautpflegeserie herausgebracht. Und dass hier bloß eine Norm eine andere ersetzt, zeigt sich dadurch, dass es nun auf YouTube Tutorials für Alicia Keys' »No-Makeup Makeup« gibt, also ein Make-up, das so aussieht, als würde man kein Make-up tragen. Kurz gesagt: So schaffen wir es also auch nicht, die halbe Stunde Schlaf zurückzubekommen, die uns geraubt wurde!

Aber vielleicht interessiert dich der No-Make-up Look auch überhaupt nicht. Das, was dich interessiert, sind vielleicht lange, seidige Wimpern und perfekt geschwungene Augenbrauen. Das ist super, und wenn du dich gerne schminkst, dann solltest du das auch tun können, ohne dass jemand irgendwelche Kommentare dazu abgibt. Manche Mächen (und übrigens auch manche nichtbinären Jugendlichen und cis Jungs) stehen auf knallige Farben und schminken ihr Gesicht wie ein Kunstwerk. Und wenn man schon 25 Euro für einen Eyeliner ausgibt, dann wenigstens für einen in Glitzer oder Electric Blue. Das Paradox an der ganzen Sache ist nur, dass diese Menschen manchmal schief angesehen oder verspottet werden. Dann heißt es, sie seien »vulgär«. Okay, schauen wir uns das mal an: Was ist ein »vulgäres« Mädchen? Etymologisch gesehen bedeutet »vulgär« sein, dass man zum »Volk« *(vulgus)* gehört. Anders ausgedrückt bedeutet es, zu einer gering geschätzten sozialen Schicht zu gehören oder den Anschein zu erwecken, zu dieser zu gehören. Ein Mädchen »vulgär« zu nennen, ist oft eine **»klassistische« Diskriminierung**. Im Grunde, und um es ganz einfach auszudrücken, ist das ein Ausdruck der Verachtung gegenüber Frauen aus Arbeiter*innenvierteln und/oder aus einfachen Verhältnissen.

Eine Person zu diskriminieren, bedeutet, sie aufgrund von persönlichen Merkmalen wie z. B. Geschlecht, sexueller Orientierung, Alter oder Religion anders zu behandeln. Man spricht von Klassismus im Zusammenhang mit einer Reihe von Diskriminierungen aufgrund der Zugehörigkeit oder Nichtzugehörigkeit zu einer sozialen Klasse (sicherlich bemerkst du die Ähnlichkeit mit den Wörtern »Sexismus« oder »Rassismus«).

Es gibt verschiedene Abwandlungen: In Frankreich zum Beispiel drücken die Pariser*innen so manchmal auch ihre Verachtung für die Mädchen aus der »Provinz« aus, die als altmodisch und nicht sehr elegant angesehen werden. So werden z. B. Mädchen aus Südfrankreich als »Cagole« bezeichnet.

Aber was ist eine Cagole? Ursprünglich waren Cagoles die Arbeiterinnen in den Verpackungsfabriken, die einen Cagoulo (Kittel) trugen. Heute verwendet man diesen Begriff für Frauen, die eine gewisse provokante Weiblichkeit ausstrahlen, auf sexy Kleidung, glitzernde Accessoires und Make-up stehen und auch aus künstlichen Fingernägeln kein Geheimnis machen. Im Grunde genommen ist diese Beschreibung eigentlich eher witzig und es klingt so, als ob alle gern eine Cagole oder die beste Freundin einer Cagole wäre. Nur dass die Gesellschaft es lieber sieht, wenn Frauen brav an ihrem Platz bleiben. Man(n) mag es nicht, wenn sie zu auffällig sind, wenn sie zu laut sprechen. Kurz gesagt, es wird bevorzugt, dass Frauen die gebotene Zurückhaltung wahren.

Und genau aus diesem Grund irritiert die Cagole. Es heißt dann, dass sie sich »wie eine Hure« anpinselt. Und an der Stelle wird es interessant, denn wenn man alles aufdröselt, wird einem klar, dass nun zu der sozialen Diskriminierung auch noch das *Slutshaming* hinzukommt, das heißt, die Diskriminierung einer Frau wegen ihrer (vermuteten oder tatsächlichen) Sexualität. Und das ist, nebenbei

Warum schminkst du dich nicht?
Ich meine es bloß gut mit dir, ne ...
Du solltest besser deine Augenbrauen zupfen, die gehören mal in Form gebracht.
Hast du mal Concealer probiert?
Oh, du siehst ein bisschen fertig aus...
Weißt du, ein klein wenig Lippenstift belebt das ganze Gesicht!
Ein bisschen Highlighter auf die Nasenspitze, dann sieht sie schmaler aus! Wusstest du das?

gesagt, auch nicht gerade nett für Sexarbeiterinnen, die nicht darum gebeten haben, beleidigt zu werden. Genauso wie man also anziehen können sollte, was man möchte, ohne gemobbt zu werden, sollte man sich auch schminken können, wie man möchte, ohne dass jemand irgendwelche Kommentare dazu loslässt.

Die Libido ist ein Begriff aus der Psychoanalyse, den Sigmund Freud verwendete um die Energie des Sexualtriebs zu bezeichnen. In der Umgangssprache wird mit dem Begriff vor allem das sexuelle Verlangen beschrieben.

Denn Make-up ist KEIN Ausdruck für unsere Sexualität. Wenn jemand roten Lippenstift oder Eyeliner als Aufforderung für sexuelle Handlungen versteht, hat dieser Jemand wahrscheinlich sehr große Probleme mit seiner **Libido**. Noch schlimmer ist es, wenn es sich um eine erwachsene Person handelt, die so etwas als versuchte Verführung durch junge Mädchen empfindet.

Was soll das heißen, »geschminkt sein wie eine Hure«? Ungefähr dasselbe wie »angezogen sein wie eine Hure«: Beides gleich schlimm, so gesehen.

Wie auch immer, du bist frei, dich zu schminken oder nicht zu schminken. Das Wichtigste ist, dass du die Wahl hast und dich nicht verpflichtet fühlst, irgendetwas zu müssen.

... in einer Beziehung sein

In diesem Kapitel geht es in einigen Passagen nur um die Erfahrungen, die cis Mädchen im Kontakt mit cis Jungs machen. Dafür habe ich mich entschieden, weil es hier um Machtdynamiken und Verhaltensweisen geht, die in dieser Konstellation am häufigsten vorkommen und am meisten normalisiert werden.

Hast du das Gefühl, dass alle um dich herum eine Beziehung haben? So als ob das echt unbedingt nötig wäre und die Erfahrung einer Liebesbeziehung ein Muss. In der Grundschule sind ja alle irgendwie in jemanden verknallt, in der Mittelstufe wird die Angelegenheit dann schon ernster, da geht es dann darum, den ersten Kuss zu bekommen. Und wenn man den Statistiken glauben darf, werden in der Oberstufe die ersten sexuellen Erfahrungen gemacht. Aber niemand sagt, dass das nach dem Schema und in diesem Tempo laufen muss.

Denn vielleicht bist du, ja, DU, die du gerade dieses Buch liest, auch nicht mit jemandem zusammen. Oder vielleicht bist du doch mit jemandem zusammen, fühlst dich aber in dieser Beziehung nicht richtig wohl. Es gibt nämlich Menschen – und möglicherweise gehörst du auch dazu -, für die die Liebe einfach nicht oberste Priorität hat und die sich damit vielleicht auch irgendwie »unnormal« fühlen, da mangelndes Interesse an Liebesbeziehungen oft als eine Art »soziale Anomalie« angesehen wird.

In unserer Kultur bekommen Frauen diesen Druck, in einer Beziehung sein zu müssen, am stärksten zu spüren. Eine Frau, die nicht in einer Beziehung ist, erscheint verdächtig und wird schnell abgewertet. Man vermutet, dass niemand sie will, denn seltsamerweise kommt niemand auf die Idee, dass umgekehrt sie vielleicht niemanden will! Und genau deshalb hält sich dieses Klischee der verschmähten »alten Jungfer« so hartnäckig, denn in unserer Gesellschaft scheint es für eine Frau unbedingt notwendig, in einer Beziehung zu sein, den Richtigen zu finden, ihn zu heiraten und Kinder zu bekommen.

Es ist schwierig, sich diesem Druck zu entziehen, da die Liebe in Filmen, Büchern, Serien, in der Werbung, also eigentlich überall, omnipräsent ist. Sogar in Werbespots für Versicherungen werden ständig Paare (oder Familien) in Szene gesetzt. Dasselbe bei testosterongesteuerten Actionfilmen, wo die Drehbuchautoren es auch immer schaffen, noch ein bisschen was mit Liebe in die Handlung einzubauen: Wird der Held es schaffen, die Welt zu retten UND sich wieder mit seiner Ex zu versöhnen? Noch offensichtlicher ist das bei weiblichen Charakteren, die häufig in den Filmen gar keine andere Funktion haben, als sich zu verlieben, ein Nest zu bauen und Mutter zu werden (ob sie nun hetero oder lesbisch sind, spielt keine Rolle: Frauen, ob Heldin oder nicht, gehören vor den Traualtar!).

Ein Mädchen oder eine Frau kann auch ohne eine Liebesbeziehung leben und sehr glücklich damit sein.

Manche Menschen verlieben sich nie, sie haben überhaupt keine Lust auf eine Beziehung. Sie empfinden keine romantische Anziehung zu anderen und bezeichnen sich manchmal selbst als »aromantisch«.

Wenn auch du keinerlei Interesse an einer romantischen Beziehung hast, dann kann ich dir sagen, dass du weder krank noch anormal bist, und du brauchst dich durch nichts dazu zwingen lassen, jemanden zu »daten«. Aromantisch zu sein, heißt aber nicht gleich, dass du allein bist. Du kannst Freund*innen haben und Beziehungen auf einer anderen Ebene ohne die Zweideutigkeit der Verführung. Einige aromantische Personen sagen sogar, dass es den Umgang mit Menschen in ihrem Umfeld vereinfacht und eindeutiger macht. Und zwar besonders mit denjenigen, die sich sonst vielleicht in einen verlieben könnten oder sich mehr erhoffen, denn so ist eben klar, dass die Beziehung über die rein freundschaftliche Ebene nicht hinausgehen wird.

Und außerdem muss das ja kein Dauerzustand sein, dass du so gar keine Lust auf eine Beziehung hast. Vielleicht fühlst du dich einfach nur im Moment sehr wohl damit, hast andere Dinge zu tun und setzt andere Prioritäten.

Selbstliebe

Manche Menschen, die nicht aromantisch sind, bezeichnen sich selbst als »sologam«. »Sologamie« (im Gegensatz zu Monogamie und Polygamie) bedeutet im eigentlichen Sinn des Wortes eine Heirat mit sich selbst. Auch wenn eine solche Heirat in keinem Land anerkannt wird, organisieren einige Menschen trotzdem Zeremonien, um die Liebe zu sich selbst zu feiern. Im weiteren Sinne und in der Umgangssprache bezeichnet Sologamie einen Zustand, in dem Menschen nicht oder nicht mehr in eine Beziehung investieren wollen, um sich selbst zur obersten Priorität zu machen. Und so genießen sologame Frauen es, allein zu leben, allein zu reisen und, warum auch nicht, allein Kinder großzuziehen. Im Gegensatz zu den aromantischen Personen sind sologame Frauen manchmal von Beziehungen enttäuscht und bedauern es, sich in ihren früheren Beziehungen zu sehr aufgegeben zu haben, untergegangen zu sein.

Im Allgemeinen sind es Frauen, die so ihre Unabhängigkeit zeigen wollen, und ihren Wunsch, als Individuum anerkannt zu werden und nicht nur als »die Frau von dem und dem« oder als die (maximal noch: bessere) Hälfte eines Paars.

... sexuell aktiv sein

Unsere Libido ist empfindlich, schon eine Kleinigkeit bringt sie durcheinander. Bei niemandem ist das Verlangen konstant. Doch in Werbespots, den sozialen Netzwerken und in den Medien sieht es so aus, als würden alle die ganze Zeit »rammeln wie die Kaninchen«. Die Realität stellt sich jedoch ganz anders dar: Unsere Lust schwankt je nach Begegnung, der Energie des Augenblicks, Alter, Gesundheit, Stimmung, dem Verhältnis zu unserem eigenen Körper, den Schwierigkeiten, die wir gerade durchmachen, manchmal auch den Traumata.

Es wird oft gesagt, dass in der Pubertät die Hormone verrückt spielen und man nur noch an das Eine denken kann. So einfach ist die Sache aber nicht. Nicht alle sind so von Sex besessen, wie unterstellt wird.

In Deutschland liegt das Durchschnittsalter für den ersten Geschlechtsverkehr bei 17 Jahren. Wenn man in die Oberstufe kommt, scheint also der Druck diesbezüglich größer zu werden, so etwas wie ein Eintrittsrituals, das alle absolvieren müssen. Unter diesem Druck passiert es sogar, dass Jugendliche einfach mal schnell mit irgendwem ins Bett gehen, um »es hinter sich zu haben«, so als ob das etwas wäre, was einfach endlich abgehakt werden müsste. Interessant wäre im Übrigen die Frage, was genau das »erste Mal« denn eigentlich ist. Für viele bezieht sich der Begriff »erstes Mal« auf die vaginale Penetration und wird oft auch als »Verlust der Jungfräulichkeit« bezeichnet.

Der Begriff der Jungfräulichkeit ist heute jedoch weitgehend umstritten, da es keine physiologische Realität gibt, die dem entspricht (nicht jede Frau erlebt unbedingt einen Riss des **Hymens** oder gar eine Blutung).

Das Hymen ist eine dünne Schleimhautfalte zwischen Vagina und Vulva, deren Form und Größe variabel ist. Am Ende der Wachstumsphase kann es sogar sein, dass diese fast verschwunden ist.

Im Übrigen ist das auch gar nicht so wichtig, da man auch ohne Penetration Sex haben kann. Wenn zum Beispiel zwei Mädchen miteinander schlafen und keine vaginale Penetration erfolgt, ist das dann etwa kein »erstes Mal«? Oder bei zwei Jungen? Und was ist mit Lecken (Cunnilingus) oder Blowjobs (Fellatio)? Wir sind uns doch einig, dass das Sex ist, oder?

Zusätzlich zu der Erwartung, eine Beziehung haben zu müssen, wird also auch noch von uns erwartet, Sex haben zu müssen. Es gibt aber Menschen, für die diese Vorstellung beängstigend oder wenig appetitlich ist, und auch solche, denen Sex einfach total egal ist. Genauso wie manche Menschen überhaupt kein Interesse an einer Liebesbeziehung haben, empfinden andere so gar kein Verlangen nach irgendeiner Form von Sexualität. Das kann vorübergehend oder aber dauerhaft so sein. Und das ist total in Ordnung.

Man kann viel und ständig Lust empfinden oder aber nur phasenweise. Man kann auch überhaupt nie Lust empfinden oder nur ganz wenig. Oder sie ist eben gerade zeitweilig nicht vorhanden und kommt vielleicht eines Tages wieder. Manche Männer oder Frauen können sich allein erregen, beispielsweise beim Lesen oder beim Anschauen eines Films, aber sie wollen das nicht mit anderen teilen. Und wieder andere lässt jegliche erotische Verlockung total kalt.

Man kann durchaus glücklich sein, ohne sexuell aktiv zu sein, solange es uns nicht aufgezwungen wird. Es ist natürlich ein ganz anderes Problem, wenn dir die Sexualität untersagt wird (aus moralischen oder religiösen Gründen oder weil deine sexuelle Orientierung nicht der »Norm« entspricht), denn das führt dann zu Frustration und sehr schmerzhaften Gefühlen.

Asexualität

Asexuell zu sein, bedeutet nicht, dass man nur vorübergehend wenig oder gar kein sexuelles Verlangen hat. Es ist ein dauerhafter Zustand, der sich darin äußert, dass man keine sexuelle Anziehung zu irgendjemandem verspürt. Es handelt sich um eine eigenständige sexuelle Orientierung, genauso wie Heterosexualität, Homosexualität, Bisexualität und Pansexualität. Schätzungen zufolge machen asexuelle Menschen etwa 1 % der Bevölkerung aus. Als sexuelle Minderheit stehen Asexuelle häufig der Queer-Bewegung nahe. Sie haben also keine konservativen, moralischen oder religiösen Gründe und sind der Meinung, dass alle mit ihrer Sexualität so umgehen dürfen, wie sie es für richtig halten, ohne verspottet oder diskriminiert zu werden. Asexuelle Personen empfinden keinerlei Mangel und ihr Zustand ist auch nicht durch ein Trauma hervorgerufen.

Sie sind okay, so wie sie sind, und brauchen auch keine gesundheitliche Beratung, da sie nicht krank sind. Es gibt also nichts, was behandelt werden müsste.

... hetero sein

Es mag selbstverständlich klingen, aber es ist immer gut, noch mal darauf hinzuweisen: Du musst nicht heterosexuell sein oder dich als heterosexuell definieren. Glücklicherweise leben wir in einem Land, in dem Homosexualität weder verboten ist noch als Krankheit angesehen wird und in dem man einvernehmliche sexuelle Beziehungen haben kann, mit wem man will.

Seit 2006 schützt das Allgemeine Gleichbehandlungsgesetz (AGG) Menschen in Deutschland vor Diskriminierung aus den unterschiedlichsten Gründen. Das Gesetz verbietet jede Benachteiligung oder Belästigung, sowohl im Berufsleben als auch in Alltagssituationen. Und seit 2017 ist Deutschland das 14. Land Europas, in dem zwei Personen des gleichen Geschlechts heiraten können. Gleichgeschlechtliche Ehen machen heute in Deutschland etwa 2,57 % aller Eheschließungen aus.

Es ist nun aber leider nicht so, dass es in unserer Gesellschaft keine Homofeindlichkeit mehr gibt, und homofeindliche Beleidigungen (und körperliche Gewalt, manchmal sogar innerhalb der Familie) verschwinden natürlich auch nicht einfach so. Diskriminierung und verschiedene Arten von Gewalt sind weiterhin vorhanden. Aber rein rechtlich gesehen gibt es heutzutage keinen Grund, hetero sein zu müssen.

Die Gesellschaft verändert sich, unter anderem dank deiner Generation, die toleranter und vor allem verständnisvoller ist.

Du hast es sicherlich schon bemerkt: Je älter die Menschen sind, umso hartnäckiger hält sich bei ihnen die Homofeindlichkeit. Aber keine Sorge, all diese Menschen, die nicht sehen wollen, dass die Welt sich weiterentwickelt, werden im Laufe der Zeit zu einer Minderheit. Bis dahin solltest du dich aber von den Meinungen und Einstellungen anderer nicht beeinflussen lassen. Du hast nur das eine Leben, du musst deine sexuelle Orientierung nicht mehr zwanghaft geheim halten, wie es beispielsweise die Generation deiner Großeltern gemacht hat.

Du musst auch deine sexuelle Orientierung nicht sofort heute »definieren«. Es gibt Menschen, für die das alles ganz klar ist und die schon sehr früh wissen, dass sie homosexuell oder bisexuell sind. Aber viele andere sind auf der Suche und brauchen etwas mehr Zeit, um sich zu finden.

Nicht-binär oder non-binär sind Menschen, die sich außerhalb der zweigeteilten binären (männlich/weiblich) Geschlechterordnung verstehen.

Du kannst heute in einen Jungen verliebt sein und irgendwann später in eine Frau. Du kannst auch Liebesbeziehungen mit Menschen erleben, die nicht in eine bestimmte Schublade gesteckt werden können, die ihre Identität als genderfluid bezeichnen, was heißt, dass sich ihre

Im Gegensatz zum biologischen Geschlecht, das sich auf Geschlechtsorgane, Chromosomensatz, Keimdrüsen und Hormonspiegel bezieht, bezeichnet das soziale Geschlecht (Gender) die Rollen, Verhaltensweisen, Aktivitäten und Merkmale die eine Gesellschaft als angemessen für Männer und Frauen betrachtet.

Geschlechtsidentität ändern kann, oder zu Personen, die sich als **nicht-binär** definieren, oder aber zu Menschen, die ihr **Geschlecht** geändert haben oder es später ändern werden.

Das Wichtigste ist jedoch, dass du deine Sexualität so auslebst, wie es am besten zu dir passt, und dir dabei die Möglichkeit offenhältst, sie im Laufe des Lebens zu ändern.

… Geschlechtsverkehr ohne Kondom akzeptieren

Du hast (oder möchtest) mit einem Jungen Geschlechtsverkehr (haben), bei dem es auch zur Penetration kommt. Logischerweise solltet ihr dabei Kondome benutzen. Aber es gibt im Leben immer wieder Situationen, die dazu führen, dass man sich auf das Risiko einlässt und ungeschützten Sex hat. Ich werde hier keine Moralpredigt halten, denn du weißt genauso gut wie ich, dass das gefährlich ist! Es gibt keinen triftigen Grund dafür und normalerweise bereut man es hinterher auch sofort. Aber tun wir hier mal nicht so, als würde das nie vorkommen …

Als Last der Verhütung bezeichnet man die Kosten für Verhütungsmittel, aber auch die »mentale Belastung«, die damit verbunden ist: Besuche bei Ärzt*innen, Kauf und Einnahme eines oralen Verhütungsmittels wie beispielsweise der Pille… und vor allem das Gefühl, sich allein damit beschäftigen zu müssen, obwohl es ja genauso unsere Partner*innen betrifft.

Frauen haben ziemlich oft die **Last der Verhütung** allein zu tragen. Und wenn dabei irgendetwas schiefgeht, kommt es häufig vor, dass Männer ihre Partnerin auch noch beschuldigen, »ihnen ein Kind untergejubelt zu haben.« Als ob die Frau heimlich mit ihnen Sex gehabt hätte oder ihnen im Schlaf ihren wertvollen Samen entnommen hätte. Kurzum, an Dreistigkeit mangelt es einigen nicht!

Vor allem, weil es häufig vorkommt, dass Männer lautstark gegen die Verwendung eines Kondoms protestieren, ohne sich darum zu kümmern, ob ihre Partnerin verhütet oder nicht.

Ich erlaube mir, dir ein paar Ratschläge zu geben, falls du mal auf einen Partner triffst, der in dieser Hinsicht wenig kooperativ ist.

Was tun, wenn …

… er kein Kondom dabei hat und du auch nicht? Wenn ihr beide absolut und unbedingt Sex haben wollt, dann muss es ja nicht unbedingt zur Penetration mit seinem Penis kommen. Im Gegenteil, denn statistisch gesehen haben Frauen gerade bei der vaginalen Penetration die größten Schwierigkeiten, zum Orgasmus zu kommen. Ihr habt kein Kondom? Ihr könnt jede Menge andere Dinge tun, wie euch streicheln, euch nackt aneinanderschmiegen und küssen, euch gegenseitig befriedigen. Oralsex solltest du jedoch vermeiden, da ein Blowjob ohne Kondom, insbesondere wenn er zu einer Ejakulation führt, als riskant gilt. Und wenn du zu nichts von alledem Lust hast, dann musst du auch gar nichts davon machen, dann eben ein anderes Mal und unter anderen Umständen!

Wenn am Strand eine rote Flagge geschwenkt wird, warnt sie vor einer Gefahr. Zur eigenen Sicherheit ist es dann besser, nicht baden zu gehen. In einer Beziehung bedeutet der Begriff genau das Gleiche: eine »Red Flag« zeigt uns an, dass etwas grundsätzlich nicht stimmt und es vielleicht besser wäre, diese Beziehung zu beenden (oder zumindest darüber nachzudenken).

… er sagt, dass das Kondom ihm zu eng ist (oder er nichts spürt), und darauf besteht, es abzuziehen? Gleiche Antwort wie oben, aber mit einer Warnung: Wenn ein Partner dich zu Geschlechtsverkehr ohne Kondom drängen möchte, weil es für ihn unangenehm ist, dann ist das eine echte **»Red Flag«**. Das ist selten ein gutes Zeichen und oft sind das solche Personen, die dann auch mit dir diskutieren, um dich zum Sex und/oder zu Sexpraktiken zu überreden, obwohl du nicht zu 100 % damit einverstanden bist. Vorsicht!

... er das Kondom abzieht, ohne dich vorher zu fragen? Das geht gar nicht! Echt! Mit so etwas ist überhaupt nicht zu spaßen. Dein Partner hat ohne deine Einwilligung weder das Recht, das Kondom zu entfernen noch es irgendwie zu manipulieren (aufschneiden, durchlöchern). Auf Englisch nennt man das *Stealthing* und es gilt als sexueller Übergriff oder sogar als Vergewaltigung durch Überrumpelung. Nach deutschem Recht wird Stealthing als sexueller Übergriff gewertet und ist damit strafbar. Einige andere Länder sind ebenfalls gerade dabei, die Gesetze klarer zu fassen. In Neuseeland wurde ein Mann zu drei Jahren und neun Monaten Gefängnis verurteilt, weil er das Kondom beim Sex mit einer Sexarbeiterin abgezogen hat. In der Schweiz wurde ein Mann aus den gleichen Gründen vom Gericht Lausanne zu zehn Monaten verurteilt.

... er sich, im Gegensatz zu anderen, ein bisschen zu sehr in deine Verhütung einmischt? Machen wir uns mal nichts vor, normalerweise ist es eher umgekehrt und wir müssen dafür kämpfen, dass sich Jungs oder Männer überhaupt mit dieser Frage beschäftigen. Manchmal kommt es aber doch vor, dass sie sich ein bisschen zu sehr in unsere Verhütung einmischen, bis hin, dass sie die Entscheidung für uns treffen wollen und das dann etwa so begründen: »Hormone sind gar nicht gut für die Gesundheit.«, »Mit der Pille danach sollte man es auch nicht übertreiben.«, oder andersherum »Jetzt, wo wir schon eine Weile zusammen sind, könntest du ja auch die Pille nehmen.«

Es ist gut, die Last der Verhütung und die Kosten gemeinsam zu tragen. Aber letzten Endes triffst du die Entscheidung, was du mit deinem Körper machst.

… Nacktfotos verschicken

Ein Foto ist in nur wenigen Sekunden geteilt, dazu muss man bloß ein-, zweimal über das Display wischen, weshalb das Versenden von Nacktbildern (Nudes) mittlerweile ziemlich häufig vorkommt. Es wird geschätzt, dass ca. 21 % der 11- bis 17-Jährigen schon einmal explizite Inhalte mit ihrem Partner oder ihrer Partnerin geteilt haben (Quelle: Befragung der Landesanstalt für Medien NRW). Wir alle können uns irgendwann einmal in einer Situation wiederfinden, in der wir dies tun. Selbst ein bekannter ehemaliger Regierungssprecher aus Frankreich hat schon einmal Nudes verschickt, und das will schon etwas heißen!

Es geht hier aber nicht darum, ein Urteil über dieses fast alltägliche Verhalten zu fällen … vorausgesetzt beide sind damit einverstanden. Jedoch solltest du niemals das Gefühl haben, beim »Sexting« mitmachen zu müssen, wenn es dir irgendwie unangenehm ist. Wenn du keine Lust hast, da mitzumachen, dann ist es auch kein Spaß mehr: Dann ist das Zwang oder gar Nötigung. (»Wenn du mir ein Nacktfoto schickst, dann verspreche ich dir, dieses oder jenes zu machen …«, »Meine Ex hat das auch gemacht, sei doch nicht so verklemmt!«, oder noch schlimmer: »Wenn du es nicht machst, dann ist Schluss«.)

Eine Person, die hartnäckig darauf besteht, Nacktbilder von dir zu bekommen, obwohl du gesagt hast, dass du nicht okay damit bist, hat selten gute Absichten. Selbst wenn du das Gefühl hast, den Menschen gut zu kennen. Selbst wenn du seit mehreren Monaten mit dem- oder derjenigen zusammen bist.

Was tun, wenn du ein Nacktfoto an jemanden geschickt hast, der oder die es an mehrere Leute weitergeleitet und/oder es in sozialen Netzwerken verbreitet hat?

- Zunächst einmal, und das ist ganz wichtig, mach dir klar, dass du nicht im Unrecht bist, du hast das Gesetz auf deiner Seite und du bist kein Einzelfall. Wir sind Tausende, Millionen von Frauen, denen das schon passiert ist.

- Wenn du unter 14 Jahre alt bist (also rein rechtlich gesehen noch ein Kind) und Nudes von dir machst und verschickst oder welche von anderen bekommst, speicherst oder weiterleitest, dann machst du dich gemäß § 184b des deutschen Strafgesetzbuches strafbar, denn das sind sogenannte kinderpornografische Inhalte. Das Gleiche gilt für Jugendliche (Personen zwischen 14 und 18 Jahren), wenn es um jugendpornografische Fotos oder Videos geht (§ 184c StGB). Seit Sommer 2021 handelt es sich dabei um eine Straftat, die mit mindestens einem Jahr Freiheitsstrafe geahndet wird. Personen sind ab dem vollendeten 14. Lebensjahr gemäß § 19 StGB strafmündig, sodass sie strafrechtlich zur Verantwortung gezogen werden können. Eine Verfahrenseinstellung durch die Justiz ist daher kaum noch möglich. Kinder bleiben aber weiterhin straflos. Das Verschicken von Nudes ist nur erlaubt, wenn der/die dargestellte Jugendliche einverstanden ist und die Fotos innerhalb einer sexuellen Beziehung zum persönlichen Gebrauch ausgetauscht werden.

1. Wenn dein Foto oder Video ohne deine Zustimmung geteilt wurde, dann bist du die Person, die Gewalt erfahren hat. 2. Personen, die deine Nacktbilder weiterverbreiten, um dich zu belästigen oder zu mobben, sind rechtlich gesehen Mittäter*innen und können ebenfalls verurteilt werden. 3. Ein intimes Foto unverlangt an jemanden zu schicken, der oder die das wahrscheinlich gar nicht sehen will (zum Beispiel Dickpics), auch das ist eine Straftat.

- Ich weiß, dass es nicht leicht ist, sich zu wehren, und dass du dich in einer solchen Situation am liebsten zu Hause verstecken möchtest, wo dich niemand sieht. Aber du hast das Recht, Anzeige zu erstatten, auch ohne deine Eltern zu informieren. Später solltest du zweifellos mit ihnen darüber reden, aber vorher kannst du schon allein zur Polizei gehen und deine Situation schildern. Es wird wahrscheinlich nicht zu einer Gerichtsverhandlung kommen, vor allem, wenn die Person, die das Foto gemacht und geteilt oder gepostet hat, noch minderjährig ist, aber vielleicht werden sie und ihre Kompliz*innen vorgeladen und erhalten eine Verwarnung. Und glaub mir, in den meisten Fällen ist dann Ruhe.

- Wenn dein Foto in deiner Schule im Umlauf ist, sprich sofort mit einer Vertrauensperson deiner Wahl darüber. (Vertrauenslehrer*in, Schulsozialarbeiter*in, Schulgesundheitsfachkräfte ...). Die Schule ist verpflichtet, im Falle von Mobbing schnell einzugreifen. Ich sage es dir noch einmal: Es ist nicht deine Schuld! In keinem Fall kann man von dir verlangen, dass du die Schule wechseln musst.

Cybermobbing nennt man wiederholtes Mobbing im Internet und über Social Media (Revenge Porn, Drohungen, Beleidigungen, Identitätsdiebstahl, Dickpics ...). Das ist strafbar.

- Manche Schulteams können sehr gut auf die Betroffenen eingehen, während andere in diesen Fragen nicht ausreichend geschult sind. Wenn du an eine Person gerätst, die die Schuld auf dich schiebt und dir erklärt, dass du keine Nacktbilder hättest verschicken sollen und dass du jetzt die Verantwortung dafür tragen musst, ist das keine akzeptable Antwort: Das ist sogenanntes *Victim Blaming* (die überwiegende Mehrheit der Betroffenen von **Cybermobbing** geben an, damit konfrontiert worden zu sein). Lass dich nicht beirren, meide diese Leute und rede mit jemand anderem. Es gibt bestimmt eine Person an deiner Schule, die weiß, was zu tun ist, und dir Ratschläge geben kann.

  Wichtig: Eine Schule hat nicht das Recht, eine*n Schüler*in aus diesem Grund von der Schule zu verweisen.

- Räche dich nicht, indem du den Schuldigen »an den Pranger stellst« und beispielsweise ein Dickpic versendest, das er dir geschickt hat. Denn du riskierst damit rechtlich gesehen, dass das dann als Revenge Porn geahndet wird. Da machst du dich schuldig, auch wenn er eigentlich das Arschloch ist, da sind wir uns einig.

- Wenn das Foto/Video online ist, gibt es mehrere Möglichkeiten, es entfernen zu lassen. Wenn es sich um ein soziales Netzwerk handelt, dann melde es! In den meisten Netzwerken sind Nacktfotos und Pornografie verboten und solche Inhalte werden

Ja, aber ... ich hab ihm ja die Nudes geschickt.
Es ist meine Schuld!
Nein, ER hat sie ohne deine Zustimmung gepostet!
Er ist der Schuldige!

entfernt. Wenn es sich um eine pornografische Plattform handelt, informiere sie darüber, dass du minderjährig bist und Anzeige erstattet hast. Wenn du den Mut hast, mit deinen Eltern darüber zu reden, können sie sich um diese Maßnahmen kümmern und rechtlichen Beistand hinzuziehen. Das hängt davon ab, wie gut das Verhältnis zu deinen Eltern ist. In jedem Fall wirst du früher oder später mit einem Erwachsenen darüber sprechen müssen. Zieh nicht allein in den Kampf. Du bist aber diejenige, die entscheiden muss, wem du am meisten vertraust.

- Wenn es sich um ein Foto/Video einer nicht einvernehmlichen sexuellen Situation handelt, spricht man von einem sexuellen Übergriff oder sogar von Vergewaltigung: Die gewaltausübende Person riskiert dann sechs Monate bis fünf Jahre bzw. bei Vergewaltigung sogar bis zu 15 Jahre Gefängnis. Der Fakt, dass es auch noch gefilmt wurde, kommt als erschwerender Umstand hinzu.

- Wenn die Person, die dich dazu gedrängt hat, dass du ihr Nacktfotos schickst, volljährig ist, ist das ebenfalls noch viel schwerwiegender. Vor allem, wenn du unter 14 Jahre alt bist, denn dann handelt es sich um Kinderpornografie. In diesem Fall solltest du unbedingt Anzeige erstatten, denn du bist sicherlich nicht die einzige betroffene Person und der Täter muss gestoppt werden. Brich sofort jeglichen Kontakt ab, mach Screenshots von euren Chats und gib diese Informationen an die Polizei weiter.

Revenge Porn

Das eigentliche Problem mit Nacktfotos ist, dass sich das total gegen dich richten kann, auch wenn du nichts Falsches gemacht hast. Das nennt sich »Revenge Porn« oder Racheporno und so etwas kann ein echter Albtraum werden. Vielleicht will einer deiner (Ex-)Partner dich fertig machen oder sich rächen, weil du ihn verlassen hast und bringt deswegen sogenannte »kompromittierende« Bilder von dir in Umlauf.

Revenge Porn ist geschlechtsspezifische Gewalt, da 90 % der Betroffenen Frauen sind. In Frankreich haben schätzungsweise 5 % aller Männer unter 35 Jahren schon einmal kompromittierende Fotos oder Videos von ihrer (Ex-) Partnerin ohne deren Zustimmung geteilt, um sie zu demütigen. (Quelle: Féministes contre le cyberharcèlement [Feministinnen gegen Cybermobbing]). Wenn man diese Zahl sieht, läuft es einem kalt den Rücken hinunter, doch das ist noch nicht alles. Denn 13 % geben an, dass sie es tun würden!

Das Teilen von Inhalten mit sexuellem Charakter ohne die Zustimmung des*der Betroffenen gilt in Deutschland gemäß § 201a des Strafgesetzbuches als Verletzung des höchstpersönlichen Lebensbereichs und wird mit einer Freiheitsstrafe bis zu zwei Jahren oder mit Geldstrafe bestraft.

Selbst Erwachsene, die sich in einer solchen Situation befinden, schaffen es oft nicht, diese Ratschläge, die ich dir gerade gegeben habe, in die Tat umzusetzen. Versuch also dein Bestes, je nachdem, wie du dich fühlst und wie du unterstützt wirst. Aber vor allem solltest du mit dem, was dir angetan wurde, nicht allein bleiben. Such dir Menschen, die dir bei diesen Schritten helfen können. Wenn du dich nicht in der Lage fühlst, mit deinen Eltern darüber zu sprechen, finde eine andere erwachsene Person, der du vertraust.

Und, ganz klar, wenn du eines Tages selbst Zeugin von Revenge Porn in deinem Umfeld wirst, dann leite solche Fotos/Videos auf keinen Fall weiter und tu dein Möglichstes, um die Personen um dich herum davon zu überzeugen, dass die Verbreitung gestoppt werden muss. Zögere außerdem nicht, der betroffenen Person deine Unterstützung anzubieten, ob du sie nun magst oder nicht. Niemand verdient es, sexistische und sexuelle Gewalt zu erleiden.

... Sex haben, um jemandem »eine Freude zu machen«

Zuerst möchte ich dich an DIE wichtigste Regel erinnern, die du dir dein ganzes Leben lang immer wieder ins Gedächtnis rufen solltest:

Wir schulden niemandem Sex. Niemals.

Nicht, um jemandem eine Freude zu machen, nicht, weil er*sie uns ein Geschenk gemacht hat, nicht, weil er*sie uns zum Essen eingeladen hat, nicht, weil es mehr oder weniger geplant war, nicht, weil wir bei ihm*ihr schlafen, nicht, weil er*sie uns einen Gefallen getan hat, nicht, weil er*sie uns leidtut, nicht, weil wir befürchten, ihn*sie zu kränken oder zu verletzen.

Und doch passiert das oft (sehr oft, zu oft). Und es passiert so oft, weil es lange Zeit als eine Pflicht angesehen wurde, dass Frauen ihren Männern für Sex zur Verfügung zu stehen haben.

Die »ehelichen Pflichten«
So nennt man die Verpflichtung zum Sex zwischen Ehepartnern, also eigentlich der EhepartnerIN. In Deutschland gab es noch bis in die 1970er Jahre hinein Gerichtsurteile, in denen der Ehefrau »schwere Verstöße gegen die ehelichen

> Pflichten« oder »abstoßende Behandlung des ehelichen Geschlechtsverkehrs« vorgeworfen wurden. Und deshalb sollten die Frauen am Scheitern der Ehe schuld sein. 1977 wurde das Gesetz durch den Bundestag aufgehoben, aber bis dahin gab es im Gesetz das Prinzip, dass bei einer Scheidung immer nach der Schuld eines Partners gesucht werden musste, also nach Verstößen gegen die ehelichen Pflichten. So ganz vorbei ist dieses »Mach-die-Beine-breit«-Denken aber noch nicht. In unserem Nachbarland Frankreich hat im März 2021 eine Frau sogar den französischen Staat vor dem Europäischen Gerichtshof für Menschenrechte wegen »Einmischung in das Privatleben« und »Verletzung der moralischen und körperlichen Integrität« verklagt. Und zwar weil die französische Justiz der Ansicht war, dass ihre Ablehnung sexueller Beziehungen zu ihrem Ex-Mann eine Verletzung der ehelichen Pflichten darstellte. Die Vorstellung, dass eine Frau Pflichten gegenüber ihrem Ehemann oder Lebensgefährten hat und ihm sexuelle Befriedigung »schuldet«, geistert eben noch immer in den Köpfen umher.

Eins steht aber fest: Noch immer wird viel zu oft davon ausgegangen, dass Frauen diejenigen sind, die für ein gutes Gelingen der Partnerschaft zu sorgen haben. Das nennt man »sexuelle Last«.

Im Klartext heißt das, dass in einer heterosexuellen Beziehung davon ausgegangen wird, dass es die Aufgabe der Frau ist, die Sexualität so aufzupeppen, dass es in der Beziehung auch auf lange Sicht nicht langweilig wird. Dies gilt für alle Beziehungen, ob lang oder kurz. Selbst bei einem Typen, dem man nichts schuldet und den man nie wieder sieht, kommt es vor, dass man sich »verpflichtet« fühlt, die Sache bis zum Ende durchziehen zu müssen, obwohl man eigentlich gar keine Lust dazu hat.

All das beruht auf dem alten Glauben, dass Männer Bedürfnisse haben, die befriedigt werden müssen, während Frauen im Gegenzug nur Liebe brauchen: Das ist natürlich völlig falsch.

- Einerseits, weil es keine »sexuellen Bedürfnisse« gibt. Man kann Verlangen oder große Lust auf Sex haben, erregt sein und das auch körperlich spüren. Aber es handelt sich dabei nicht um ein lebenswichtiges »Bedürfnis«. Essen, Trinken, Atmen und Urinieren sind lebenswichtige Bedürfnisse, denn wenn sie nicht befriedigt werden, stirbt man. Aber wenn ein Mann aufhört, Sex zu haben, wird er weder sterben, noch werden seine Hoden anschwellen. Der sogenannte »Samenstau« ist ein moderner Mythos und niemand wurde jemals wegen einer Überproduktion an Sperma ins Krankenhaus eingeliefert.
- Andererseits, weil die Vorstellung, dass Frauen nur Sex haben, weil sie im Gegenzug auf Liebe hoffen, ebenfalls falsch und gefährlich ist. Falsch, weil es den Frauen abspricht, dass sie selbst auch Verlangen empfinden und ebenfalls ein Recht auf Vergnügen haben. Gefährlich, weil eine Beziehung, die ausschließlich auf die männliche Lust ausgerichtet ist, dazu führen kann, etwas Ungerechtfertigtes zu rechtfertigen (z. B. seiner Partnerin Sexpraktiken aufzuzwingen). Nein, Frauen sind nicht »hirngesteuerter« als Männer. Ja, ihre Lust ist auch körperlich.

Hey! Aber darf ich nicht noch mit reinkommen?! Obwohl ich dir gesagt habe, dass ich dich mag, und obwohl ich dich ins Kino und zum Essen eingeladen habe ...?
Ja und?

Cisgender, cisgeschlechtlich oder, kurz gesagt, cis beschreibt, dass die Geschlechtsidentität einer Person mit dem Geschlecht übereinstimmt, das nach der Geburt verkündet wurde. Von einer trans Person spricht man, wenn die Geschlechtsidentität nicht mit dem Geschlecht übereinstimmt, das nach der Geburt zugewiesen wurde.

Wir alle, Männer und Frauen, ob **cis- oder transgender**, haben Nervenenden, erogene Zonen, die von sehr vielen Nerven durchzogen sind, sehr empfindlich auf Berührungen reagieren und sexuelle Lust hervorrufen, wenn sie stimuliert werden, sodass wir die physiologische Fähigkeit haben, zum Orgasmus zu kommen.

Achtung, das bedeutet aber nicht, dass wir zwangsläufig, immer und überall zum Orgasmus kommen, es heißt nur, dass nichts an unserem Körper uns hindert, außer bei bestimmten medizinischen Umständen und/oder bestimmten körperlichen Einschränkungen.

Dir ist klar, der einzige Grund, warum du Sex hast, ist der, dass du Lust darauf hast. Mit »Lust« meine ich »Verlangen« nach einer bestimmten anderen Person und »Erregung«, und zwar einschließlich deiner eigenen. Es gibt keinen triftigen Grund, warum du dich zum Geschlechtsverkehr zwingen solltest, wenn du nicht erregt bist und wenn es nicht auch dir sexuelle Befriedigung verschafft.

Beide müssen Vergnügen haben und einander Lust bereiten, und das bis zum Ende des Geschlechtsverkehrs.

… weitermachen, obwohl du aufhören willst

Im Leben kann es vorkommen, dass man seine Meinung ändert, dass man glaubt, etwas zu wollen und es dann letztlich aus ganz unterschiedlichen Gründen, doch nicht mehr möchte, weil es nicht so ist, wie erwartet, weil es ein bisschen (oder sehr) enttäuschend ist …

Zum Beispiel warst du bestimmt schon mal in einem Restaurant und hast dort etwas zu essen bestellt. Und das Essen, das dir serviert wurde, war dann nicht so, wie du es dir vorgestellt hast, nicht so gut, wie du gehofft hattest (oder sogar richtig eklig). Vielleicht war das Gericht noch nicht mal das, was du bestellt hattest: Du hast eine Lasagne mit Fleisch bekommen, obwohl du eine vegetarische Lasagne bestellt hattest. Oder vielleicht war das Gericht einfach nur viel zu viel für dich und du hattest irgendwann keinen Hunger mehr. Ich nehme an, die Kellnerin hat dich nicht gezwungen, am Tisch sitzen zu bleiben oder deinen Teller leer zu essen.

Für Sex gilt das Gleiche wie fürs Essen: Du darfst Lust darauf haben, diese Lust auch zeigen und du darfst es dir zwischendrin anders überlegen. Es kann 1000 gute Gründe geben, warum du beim Sex aufhören möchtest:

- Es passieren Dinge, die ganz und gar nicht so geplant waren. Ihr habt im Voraus darüber gesprochen und nun ist es nicht das, wofür du deine Zustimmung gegeben hast.
- Du hast Schmerzen oder du fühlst dich auf irgendeine Weise unwohl, sodass du kein Vergnügen oder Lust empfindest.
- Irgendetwas in der Situation stört dich.
- Du empfindest den Sex als zu brutal.
- Du langweilst dich.
- Das, was dein*e Partner*in macht, ist dir unangenehm.
- Ihr habt ungeschützten Sex. Am Anfang warst du auch sehr erregt und damit einverstanden, aber dann wird dir klar, dass du eine ungewollte Schwangerschaft riskierst und/oder dich mit STI anstecken könntest, und du möchtest lieber aufhören.
- Du bist müde. Du bist krank. Du bist betrunken. Du bist stoned. Du fühlst dich nicht in der Lage, weiterzumachen.
- Oder jeder mögliche andere Grund, warum du in der momentanen Situation keinen Spaß und keine Lust mehr auf Sex hast.

Wenn das so ist, hast du das Recht, aufzuhören, und niemand kann dich zwingen, weiterzumachen. So etwas wie »Warte, ich bin gleich fertig« oder »Bitte, nur noch ein bisschen« oder andere Sprüche sollten nie gesagt werden. Unter keinen Umständen musst du die Zähne zusammenbeißen oder an etwas anderes denken, bis es vorbei ist.

Nirgendwo steht geschrieben, dass Sex unbedingt mit dem Orgasmus deines Partners oder deiner Partnerin enden muss.

Unsere klassische Vorstellung von heterosexuellem Geschlechtsverkehr ist, dass er mit einer Erektion beginnt und mit einer Ejakulation endet. Dir ist wahrscheinlich schon aufgefallen, dass in

Ähh ... also, es ist, ich ...
Nein, ehrlich, jetzt möchte ich es doch nicht mehr ... Es tut mir leid!
Wenn du es nicht möchtest, dann möchte ich es auch nicht.

Fernseh- oder Kinofilmen der Mann in die Frau eindringt, zum Höhepunkt kommt und gleich danach ziehen sich alle wieder an oder gehen duschen. Man muss keine Pornos gucken, um festzustellen, dass mit der Ejakulation die Party oft ganz plötzlich vorbei ist, egal, ob die Partnerin auch gekommen ist oder nicht.

Wenn in einem Film die Heldin unmittelbar nach ihrem Orgasmus aufstehen, sich eine Kippe anzünden und in aller Ruhe ein bisschen Small Talk machen würde, bevor sie dann gechillt unter die Dusche geht, während der Typ nicht weiß, wohin mit seiner Erektion ... so was würden alle komplett bizarr finden. Aber wenn es andersherum ist, stört es niemanden.

Ebenso schockierend wäre es, wenn eine Frau auf einem Mann kommt, über seinem Mund oder indem sie sich an ihm reibt, wenn er nicht mehr erregt ist, und deshalb sollte es auch niemand tolerieren, dass ein Mann von seiner Partnerin verlangt, noch schnell »fertig« machen zu dürfen, wenn sie keine Lust mehr darauf hat.

Genauso darfst du natürlich deinerseits auch nicht bei deinen Partner*innen darauf bestehen, irgendetwas Bestimmtes zu bekommen. Achte immer auf das Wohlbefinden und den Consent der anderen, so wie du dir auch wünschst, dass andere bei dir darauf achten.

Wenn während des Geschlechtsverkehrs ein*e Partner*in nichts mehr sagt, das Gesicht verzieht oder weint, dann ist etwas nicht in Ordnung und es ist ein Zeichen, dass der Sex sofort abgebrochen werden muss. Wenn du den Wunsch äußerst, dass du aufhören möchtest und dein Partner weigert sich, sich aus dir zurückzuziehen, dann ist das kein Sex mehr, sondern eine Vergewaltigung.

… Penetrationssex haben

Wie bereits erwähnt, neigt man dazu, den Begriff »Geschlechtsverkehr« auf Sex zu reduzieren, bei dem es zu einer Penetration kommt und der mit einer Ejakulation endet.

Der Rest (Oralverkehr, Massagen, gegenseitige Masturbation, der Einsatz von Sextoys, Spiele und Rollenspiele usw.) wird im besten Fall in die Kategorie »Vorspiel« einsortiert und im schlimmsten Fall gar nicht erwähnt. Wir müssen uns von der Vorstellung einer ausschließlich »phallozentrischen« Sexualität verabschieden, also von einer Sexualität, die nur auf die Befriedigung des männlichen Penis (Phallus) ausgerichtet ist. Denn in Wirklichkeit hat da niemand etwas davon.

Statistiken belegen, dass beim Sex die vaginale Penetration bei Weitem nicht das ist, was Frauen am meisten Lust bereitet. Es kann auch als unangenehm – oder sogar schmerzhaft – empfunden werden. Viele Frauen, die gar keine Lust auf eine Penetration haben, befürchten jedoch, »unnormal« zu sein, und sagen sich: »Augen zu und durch.« Andere wiederum wollen diese Form von Sex nicht ganz aus ihrem Leben verbannen, könnten aber tatsächlich die meiste Zeit darauf verzichten.

Der Wunsch nach Sexualität ohne Penetration entspricht nicht der gesellschaftlichen »Norm«, das heißt dem, was man beigebracht bekommt und was man überall sehen oder lesen kann. Aus physiologischer Sicht handelt es sich dabei jedoch keineswegs um eine Anomalie, da Schätzungen zufolge nur 20 bis 30 Prozent der Frauen bei dieser Art von Sex zum Orgasmus kommen. Was in Wirklichkeit nicht »normal« ist, ist, dass wir uns systematisch dazu zwingen, obwohl die meisten von uns auf diese Weise eben nicht zum Orgasmus kommen.

> **Wenn 70 bis 80 Prozent der Männer bei der Penetration der Vagina nicht zum Orgasmus kommen würden, glaubst du, dass sie es dann immer noch tun würden?**

Hier geht es natürlich nicht darum, Penetrationssex zu verbieten oder eine Norm durch eine andere ersetzen zu wollen, sondern darum, Sexualität anders zu denken und dafür zu sorgen, dass beide Partner*innen das, was passiert, wirklich genießen. Vor allem sollte man aufhören, Frauen in zwei Kategorien zu unterteilen und zu behaupten, dass manche nur durch die Stimulation der Klitoris und andere nur bei der Penetration zum Orgasmus kommen. Das ist absurd und es gibt diese beiden Kategorien nicht. Manche Frauen kommen bei der Penetration zum Orgasmus, weil sie zum Beispiel gleichzeitig ihre Klitorisperle stimulieren. Andere wiederum empfinden durch den eingedrungenen Penis einen angenehmen Druck auf der Innenseite der Klitoris. Diese Unterscheidung zwischen »klitoral« und »vaginal« ergibt also überhaupt keinen Sinn ...

Auch für Männer (und andere Menschen mit Penis) ist dabei nicht immer alles so super: Die ganze Sache mit der Penetration setzt sie

08

total unter Druck, performen zu müssen, und das kann sie verunsichern. Einige von ihnen haben nicht unbedingt Lust, einen auf dominanten harten Kerl mit einer perfekten Erektion zu machen. Es ist nämlich so, dass mehr als ein Drittel aller Männer unter Erektionsstörungen und/oder vorzeitiger Ejakulation leiden (sie kommen nach weniger als drei Minuten). Darüber hinaus führt diese Obsession mit der Penetration zu einer gewissen Unsicherheit in Bezug auf die Größe ihres Penis. Sie sind dann in Klischees von Männlichkeit gefangen, die sie nicht unbedingt erfüllen. Dadurch, dass ihnen ständig gesagt wird, dass sie ihre Partnerin nur zum Orgasmus bringen können, wenn sie IHN reinstecken, glauben sie das am Ende auch, obwohl wir das eigentlich gar nicht so von ihnen fordern.

Das eigentliche Problem mit dem nur auf Penetration ausgerichteten Sexleben ist, dass wir dabei vergessen, den Rest zu erkunden, die ganzen anderen Bereiche des Körpers – und zwar auch bei Männern – die auch stimuliert werden können. Studien zeigen, dass die Hälfte der Frauen gerne mehr andere Formen der Sinneswahrnehmung ausprobieren würden, wie z. B. Streicheln. Es ist also durchaus so, dass wir uns etwas vorenthalten.

Ein Dings in das Bums zu stecken, ist auf Dauer ein bisschen fantasielos ...

... Blowjobs geben

In den letzten 50 Jahren hat sich diese Form von Oralsex, die lange Zeit tabu oder sogar völlig verboten war, fast zum Pflichtprogramm entwickelt. Heutzutage praktizieren 89 % diese auch Fellatio genannte Variante des Oralsex, also eine überwältigende Mehrheit.

Wie lässt sich dieser Anstieg erklären?

Es gibt mehrere Erklärungen dafür.

- Der erste Grund ist wahrscheinlich, dass diese Praxis in der Popkultur und in Pornos immer häufiger und normaler geworden ist, in Pornos beginnt inzwischen ja geradezu jede Szene mit Oralverkehr und endet im Übrigen auch damit.
- Der zweite Grund ist, dass religiöse Überzeugungen nicht mehr so eine große Rolle spielen und Fragen von Moral und Sittlichkeit lockerer gehandhabt werden. In der heutigen Zeit wird immer weniger und immer später geheiratet, man experimentiert also mehr und hat nicht mehr wirklich Angst davor, deswegen in der Hölle zu landen.

- Der dritte und zweifellos offensichtlichste Grund ist die Tatsache, dass es sich um eine Sexpraktik handelt, die sich bei vielen Männern ausnahmslos sehr großer Beliebtheit erfreut. Zumindest wird das oft so dargestellt. Und da es beim Sex zwischen Heteros in erster Linie darum geht, den Partner zu befriedigen, ohne dass »Frau« auch an sich selbst denkt, ist es nicht verwunderlich, dass diese Sexualpraktik quasi zur unumstößlichen Pflicht erhoben wurde.

Die eigentliche Frage ist jedoch: Sind wir überhaupt in dem Maße damit einverstanden? Wie viele von den 89 % der Frauen, die Blowjobs geben, haben denn wirklich Lust darauf? Wie viele machen das nur widerwillig oder denken dabei an etwas anderes?

Wenn man bedenkt, dass jede fünfte Person in Deutschland angibt, grundsätzlich unzufrieden mit ihrem Sexleben zu sein (diese Zahl stammt aus einer Studie aus dem Jahr 2023), wäre es interessant, spezifische Zahlen zum Thema Blowjob zu finden.

Seltsamerweise werden die Teilnehmenden in den meisten Studien nach den Praktiken gefragt, die sie akzeptieren, aber es wird nie danach gefragt, ob sie es auch mögen.

Dasselbe gilt für die Ejakulation ins Gesicht oder Analverkehr. Wenn man fragen würde, wer die Initiative für diese Sexpraktiken ergreift und ob die Frauen sich dazu verpflichtet fühlen, wären die Ergebnisse ohne Zweifel extrem aufschlussreich und traurig.

Du musst das alles nicht machen, weder jetzt noch später irgendwann. Man wird dich deswegen nicht weniger lieben. Es gibt keinen einzigen Grund, dich dazu zu zwingen, wenn du keine Lust darauf

Aber meine Süße ...
Du LIEBST doch auch Lollis!
Frag noch mal, wenn du nach Erdbeeren schmeckst!

hast, oder wenn du weder den Geruch noch die Vorstellung von dir bei einem Blowjob erträgst.

Diese Regel gilt umso mehr, wenn jemand von dir einen Blowjob verlangt, ohne im Gegenzug auch etwas für dein Vergnügen zu tun, und diese Regel gilt auch für alle anderen Sexpraktiken.

Es gibt keinen Grund, warum du jemand zum Orgasmus bringen solltest, der sich weder um dein Wohlbefinden, noch um deine Lust kümmert.

… machen, was man so in Pornos sieht

Hinweis
In diesem Kapitel werden Praktiken und pornografische Darstellungen angesprochen, die dich schockieren können.

Wenn du jünger als 14 Jahre bist, rate ich dir davon ab, weiterzulesen. Und, egal wie alt du bist, lies dieses Kapitel nicht, wenn dir die beschriebenen Themen unangenehm sind, du dich dabei unwohl fühlst oder sie dich verletzen.

Zuerst möchte ich dich darauf hinweisen, dass du nach deutschem Recht Pornos erst ab 18 Jahren anschauen darfst. Davor ist es verboten, und das sage nicht ich, sondern das sind die geltenden Gesetze. Wenn jemand dir pornografische Fotos oder Videos direkt zeigt oder dir zugänglich macht, bevor du volljährig bist, riskiert diese Person eine Freiheitsstrafe von bis zu einem Jahr oder eine Geldstrafe.

Dir kann rechtlich gesehen nichts passieren, aber das heißt nicht, dass es okay ist. Denn es ist ja nicht ohne Grund für unter 18-Jährige verboten. Davon abgesehen kenne ich die Statistiken und weiß sehr wohl, dass du wahrscheinlich nicht brav warten wirst, bis du volljährig bist. Das Durchschnittsalter, in dem Kinder zum ersten Mal einen Porno sehen, liegt je nach Land zwischen 11 und 13 Jahren. Also hast du zum Zeitpunkt, während du diese Zeilen liest, vermutlich schon Pornos gesehen, da brauchen wir uns gar nichts vorzumachen.

Statt also jetzt lange Moralpredigten zu halten und dir zu sagen, dass das nicht gut ist, nehmen wir uns lieber die Zeit, in Ruhe über Pornos zu reden und das, was du darin siehst, mal ein bisschen genauer unter die Lupe zu nehmen.

Haare

Wir haben bereits am Anfang dieses Buchs über Intimhaare und die Frage ihrer Entfernung gesprochen. Nun möchte ich dir erzählen, wie die Ganzkörperenthaarung in nur wenigen Jahren zur Norm geworden ist und warum deine Generation die erste ist, die eine so große Abneigung gegen Körperhaare hat.

Bis Ende der 1990erJahre war die Ganzkörperenthaarung in Pornofilmen nicht die Norm. Das hat sich in Kalifornien erst nach und nach im Zusammenhang mit dem Körperkult und dem Aerobic-Boom durchgesetzt. Ich weiß nicht, ob du jemals Videos aus diesen Jahren gesehen hast, aber es waren Gymnastiktrikots mit sehr hohen Beinausschnitten in Mode, was mit Intimhaaren natürlich gar nicht ging. Und ich kann dir sagen, bei diesen vielen Bewegungen, hoch die Beine und Beine spreizen, da war der Busch natürlich ganz schnell weg. Daher war es in diesen Kreisen üblich, sich komplett zu enthaaren, um »Zwischenfälle« zu vermeiden, aber auch, um die plastische, glatte und haarfreie Dimension dieser muskulösen Körper zu betonen.

Ohhh … jaaa …
… mmh
uhhh
Das gefällt dir, was?
jaaa …
… ohhh
… jaaa

Einige fitnessbegeisterte amerikanische Stripperinnen und Pornostars brachten dieses Ideal dann nach und nach mit in die Pornoindustrie. Französische und italienische Darstellerinnen reisten regelmäßig zu Dreharbeiten nach Los Angeles und dort wurde von ihnen verlangt, die Vulvahaare komplett zu entfernen. Bei ihrer Rückkehr nach Europa hatten sie dann die von ihnen neu entdeckten Schönheitsideale mit im Gepäck: künstliche Fingernägel (sogenannte »American Nails«), falsche Wimpern, Schönheitsoperationen, Brustvergrößerungen, Solariumbräune ... und Ganzkörperenthaarung.

Mit all dem will ich dir eigentlich nur sagen, dass die Sache mit der Haarentfernung in den Pornos nicht so kam, weil Haare als »schmutzig« galten oder weil sie nicht sexy waren. Tatsächlich hängt es mit einer Mode zusammen, von der einige Codes sich bis heute durch den massiven und weltweiten Konsum derartiger Filme gehalten haben. Soll heißen, dass sich die Zuschauer*innen so daran gewöhnt haben, haarfreie Geschlechtsteile zu sehen, dass sie das letztlich als Norm verinnerlicht haben und es nicht mehr groß hinterfragen.

Und mehr als 20 Jahre später enthaaren wir uns immer noch, ohne viel darüber nachzudenken, warum oder woher das kommt. Um das zu rechtfertigen, erfinden wir Erklärungen, die nicht immer ganz schlüssig sind, wie beispielsweise Hygiene, mehr Gefühl ... Dabei ging es am Anfang eigentlich bloß darum, in einem Gymnastiktrikot die Beine zu spreizen, und das war's.

Analsex

Heutzutage werden in den meisten online zugänglichen heterosexuellen Pornos Szenen mit Analsex oder sogar Analdehnung gezeigt. Wenn man sich diese Szenen ansieht, bekommt man den Eindruck, alles ist ganz einfach, alle Frauen machen das und haben ihren Spaß dabei.

Die Realität bei den Dreharbeiten sieht jedoch ganz anders aus. Im Grunde würden die meisten Schauspielerinnen nur zu gern auf diese Szenen verzichten, wenn man ihnen wirklich die Wahl ließe. Es gibt einige Schauspielerinnen, denen es egal ist oder die Analsex sogar einer vaginalen Penetration vorziehen, aber das sind die wenigsten. Wenn sie gleich bezahlt würden und nur mit vaginalem Geschlechtsverkehr genauso viele Jobs bekämen, ich versichere dir, dass sie nicht lang überlegen würden!

Ja, für Szenen mit Analpenetration wird mehr Honorar gezahlt. Warum? Weil sie viel anstrengender und schmerzhafter sind. Außerdem ist für diese Szenen meist eine sehr aufwendige Vorbereitung notwendig: Einen Einlauf machen (denn ... nun ja, es ist kein Geheimnis, dass man durch diese Körperöffnung Kot ausscheidet), am Drehtag nichts essen und bereit sein, mit leerem Magen körperlich leistungsfähig zu sein, den Anus selbst vordehnen, um Risse zu vermeiden, und eventuell eine Betäubungscreme verwenden.

Was man sich aber unbedingt klarmachen sollte, ist, dass diese Schauspielerinnen üblicherweise Profis sind, die wissen, wie Verletzungen vermieden werden können, und trotzdem kommt es immer wieder zu Unfällen, Blutungen und katastrophalen Besuchen in der Notaufnahme.

Wie du vielleicht weißt, liegt die Penisgröße der Schauspieler sehr oft weit über dem Durchschnitt. Die Schauspielerinnen haben daher viel Übung, so wie Zirkusakrobatinnen oder Stuntfrauen in Filmen. Und sie wissen, wie man schauspielert, um die Kamera glauben zu lassen, dass sie es megageil finden. Und schließlich darfst du nie vergessen, dass sie das tun, weil es ihr Beruf ist und sie dafür bezahlt werden.

Lange Zeit war Analsex eine Randerscheinung und ein Tabu, selbst für die großen Namen der Pornoindustrie. Sie sind nicht deine Generation, aber vielleicht hast du schon von Brigitte Lahaie oder Clara Morgane gehört, zwei ehemaligen Schauspielerinnen aus Frankreich, die in den Medien stark präsent waren, aber nie Analsex auf der Leinwand hatten. Genauso war es in den USA, wo bis Ende der 1990er Jahre solche marginalen Praktiken weniger bekannten Schauspielerinnen überlassen wurden, da die Stars es sich leisten konnten, Analsex abzulehnen. Lange Rede kurzer Sinn, das soll dir bloß verdeutlichen, dass selbst für eine Pornodarstellerin Analsex keine einfache Sache ist.

Du bist aber keine Schauspielerin, es ist nicht dein Job, also musst du auf keinen Fall Praktiken akzeptieren, die dir Angst machen, die du als erniedrigend empfindest, bei denen du kein Vergnügen oder sogar Schmerzen hast, nur um einen Typen zu befriedigen, der das in Pornos gesehen hat.

Widerwilliger Analsex ist schmerzhafter Analsex!
Und denk immer an die goldene Regel: Es ist nie normal, beim Sex Schmerzen zu haben.

Ejakulation ins Gesicht

Es ist nicht ganz klar, wie die Ejakulation ins Gesicht in Pornofilmen zur Normalität geworden ist. In den 1970er Jahren fingen erste Darsteller damit an, ihren Penis vor der Ejakulation aus der Vagina der Darstellerinnen zu ziehen, weil einige von ihnen nicht die Pille nahmen und weil der Orgasmus des Mannes für die Kamera sichtbar gemacht werden sollte. Diese Ejakulationen landeten meist auf dem Bauch, dem Po, den Händen und seltener im Gesicht. In den 1990er Jahren wurde Letzteres dann relativ alltäglich, die Idee dahinter schien zu sein, der Schauspielerin symbolisch ins Gesicht zu »spucken« und eine Form der männlichen Dominanz zu etablieren.

In jedem Fall musst du eine Ejakulation ins Gesicht nicht akzeptieren, weder jetzt noch überhaupt irgendwann. Im Übrigen ist diese Form von Sex für dich auch nicht ganz ungefährlich. Vor allem, wenn Sperma in deine Augen oder deinen Mund gelangt. Solange dein Partner dir keinen Test auf **STI** vorgelegt hat, solltest du derartige Praktiken meiden.

STI: Sexuell übertragbare Krankheiten (STI steht für den englischen Begriff Sexually Transmitted Infections) werden hauptsächlich durch ungeschützten vaginalen, analen oder oralen Geschlechtsverkehr übertragen. Syphilis, Gonorrhö, Chlamydien, Hepatitis B und C, HIV, das für AIDS verantwortlich ist, sind STI.

Dir ist bestimmt aufgefallen, dass die Darsteller in den meisten Pornofilmen überhaupt keine Kondome benutzen. Was man aber als Zuschauer*in nicht sieht, ist, dass die Profis getestet werden und Bluttests machen lassen müssen, um sexuell übertragbare Krankheiten festzustellen. Sie müssen vor jedem Dreh einen Test vorlegen, der nicht älter als zwei Wochen sein darf. Ja, sie gehen ein Risiko ein, wenn sie ohne Kondom drehen, aber es ist nicht so, dass es gar keine Absicherung gibt.

Sex mit mehreren Personen

Du bist jetzt wahrscheinlich in dem Alter, in dem du deine ersten sexuellen Erfahrungen machst und Schritt für Schritt deine eigene Lust erforschst, zum ersten Mal verliebt bist und vielleicht zum ersten Mal Sex hast. Die Sexualität zu zweit ist schon kompliziert genug, lass dich also nicht auf Sex mit mehreren Personen gleichzeitig ein, nur weil es in Pornos so aussieht, als sei das normal. Das ist, als würdest du auf der Autobahn fahren, obwohl du noch nicht einmal einen Führerschein hast. Ich möchte dich nochmals daran erinnern, dass eine Frau, die im Film einen »Dreier« hat, das tut, weil es ihr Beruf ist und sie dafür bezahlt wird.

Es hat auch nie irgendjemand festgelegt, dass ein erfülltes Sexleben nur mit Sexorgien möglich ist. In Pornos sieht es so aus, als würden das alle machen. Im wirklichen Leben haben nur 18 % der Erwachsenen solche Erfahrungen gemacht (25 % der Männer und 14 % der Frauen). Das klingt jetzt vielleicht erst mal viel, aber wenn man darüber nachdenkt, heißt das immerhin, dass 82 % noch nie Gruppensex hatten!

Und wenn du Lust hast, es jetzt oder später irgendwann mal auszuprobieren, dann gönne ich es dir! Aber frage dich trotzdem immer, warum du es tust. Ist es wirklich dein Wunsch, deine Fantasie? Oder möchte es dein*e Partner*in? Denn das ist nicht das Gleiche. Und wie soll der Gruppensex überhaupt aussehen? Dein Freund mit zwei Mädchen? Oder du mit zwei Personen deiner Wahl (zwei Mädchen, zwei Jungs...)? Ich sage es noch einmal: Du musst nicht jemandem »zuliebe« irgendwas tun und bist niemandem etwas schuldig. Lass dich nicht zu irgendwelchen Experimenten überreden, die dir vielleicht jegliche Lust darauf verderben, später etwas in diese Richtung auszuprobieren.

Gewalttätiger Sex

Mit dem Aufkommen von frei zugänglichen und kostenlosen Pornos auf Streaming-Webseiten wurden einige Praktiken, die früher nur Insider*innen zugänglich waren, im Handumdrehen zur Normalität. Spiele mit Unterwerfung und Dominanz und bestimmte brutale oder sogar schmerzhafte Praktiken waren früher nur in speziellen BDSM-Videos zu sehen (BDSM steht für die englischen Bezeichnungen Bondage & Discipline, Dominance & Submission, Sadism & Masochism, also Fesselspiele & Disziplin, Dominanz & Unterwerfung, Sadismus & Masochismus). Heutzutage sieht man so etwas jedoch häufig in »normalen« heterosexuellen Pornofilmen. Soll heißen, dass sich immer mehr Schauspieler berechtigt fühlen, ihre Partnerinnen zu ohrfeigen, zu würgen, sie beim Blowjob an den Ohren zu packen, sie zum Erbrechen zu bringen, indem sie ihnen Deepthroating oder Ähnliches aufzwingen.

Dafür gibt es wahrscheinlich mehrere Erklärungen. Die erste ist, dass manche Schauspieler wie am Fließband bis zu 100 Filme pro Jahr drehen. Vielleicht wird ihnen das mit der Zeit zu langweilig und ihnen geht die Lust aus, wenn sie immer dieselben Szenen spielen. Denn, hey, es ist nicht so einfach, Lust zu empfinden, wenn du ans Set kommst und das Gefühl hast, wie in eine Fabrik zur Akkordarbeit zu gehen. Und da Pornos nicht gerade ein Ort für Kreativität und künstlerische Entfaltung sind, haben einige das Bedürfnis, das ganze durch einen Klaps hier und einen Würgegriff da ein wenig abwechslungsreicher zu gestalten. Die andere mögliche Erklärung ist schlicht und einfach das wirtschaftliche Interesse der Pornoindustrie, die davon überzeugt ist, dass es dafür eine Nachfrage gibt – was jedoch tatsächlich gar nicht so sicher ist.

In Wirklichkeit sind es bei Pornos wie bei jedem anderen Markt auch nicht die Verbraucher*innen, die die Nachfrage schaffen, sondern die Industrie, die das Angebot schafft. Das ist wie mit Diätprodukten und Kosmetika: Niemand ist eines Morgens aufgewacht und hat sich gesagt: »Ach, ich brauche mal ein spezielles Öl für meine Nagelhaut.« Umgekehrt, weil es in den Regalen Nagelhautöle gab, haben die Leute angefangen, sie zu kaufen. Bei Pornos ist es ähnlich: Niemand ist eines Morgens aufgewacht und hat sich gesagt: »Ach, ich möchte mal ein Video mit vierfacher Penetration sehen, in dem sich die Darstellerin beim Deepthroating übergibt.« Aber ab dem Moment, als solche Videos im Internet verfügbar waren, fingen die Leute an, sie anzuschauen und dann das, was sie sahen, auch nachzuahmen. Nach und nach, innerhalb von nur zehn Jahren, fanden es alle normal, ein Video mit einer Schauspielerin zu sehen, die Ohrfeigen bekommt oder gewürgt wird. Und immer mehr junge Frauen berichten, dass ihre Partner ihnen gegenüber im Bett gewalttätig werden (egal, ob sie schon lange zusammen sind oder einen One-Night-Stand haben).

Beherrschen und Unterwerfen ist kein seltenes Spiel mehr, es ist alltäglich geworden, und das wirft eine Menge Fragen dazu auf, wer eigentlich womit einverstanden ist. Viele Frauen unter 40 Jahren bestätigen, dass sie schon einmal eine Situation erlebt haben, in der sie ungefragt erniedrigt wurden, also dass ihnen zum Beispiel ins Gesicht gespuckt wurde, an den Haaren gezogen, sie gewürgt oder geohrfeigt wurden. Gewalttätiger Sex hat sich innerhalb von gerade mal fünf Jahren wie eine regelrechte stille Epidemie ausgebreitet. Als ob es nicht einmal mehr notwendig wäre, Consent einzuholen. Vor allem – und das ist vielleicht das Schlimmste – merkt der Partner überhaupt nicht mehr, dass dieses Verhalten keineswegs »normal« ist.

Auch hierzu sage ich dir, dass du so etwas nicht mit dir machen lassen musst. Du brauchst dich nicht beleidigen, demütigen oder dir Gewalt antun lassen, nur weil es den anderen erregt. Denk daran, dass die meisten Männer nicht einmal einen Bruchteil dessen ertragen würden, was Frauen zugemutet wird. Wenn dein Partner irgendwann darauf besteht, diese Art von Sexspielen zu testen, dann sag ihm dass du damit einverstanden bist, unter der Bedingung, dass du zuerst diese Praktiken an ihm ausprobierst. Dann werden wir sehen, ob er es angenehm findet, die Machtverhältnisse umzukehren.

(Spoiler: Das würde mich wundern!).

Schau mal, mein Süßer, da du unser Liebesleben ein bisschen aufpeppen wolltest ....
Ich habe schöne Accessoires für dich gefunden!
Willst du sie gleich ausprobieren?
Ähh! Ich ... also, ich meinte nicht ... na ja ...
MALE♡ BDSM ♂

… leiden

Das ist letzten Endes ein bisschen die Schlussfolgerung aus dem Ganzen hier. Im Zusammenhang mit den vielen Erwartungen an unser Aussehen und unsere Sexualität haben wir uns nicht nur mit vielen Zwängen und Einschränkungen, sondern auch mit Schmerzen abgefunden. Es ist höchste Zeit, dass das aufhört!

Egal, was passiert, unter welchen Umständen oder mit welcher Person du zusammen bist, du darfst niemals das Gefühl haben, irgendetwas tun oder gar leiden zu müssen.

- Du musst NIE Schmerzen erleiden, um in den Augen der anderen verführerischer zu sein. Das alte Sprichwort »Wer schön sein will, muss leiden«, sollte aus unserem Sprachgebrauch verbannt werden. Du musst nicht leiden, indem du dich enthaarst. Du musst nicht leiden, indem du hungerst. Du musst nicht leiden, indem du Laserbehandlungen, Injektionen, Peelings oder Schönheitsoperationen machst, weder jetzt noch irgendwann.

- Du musst NIE akzeptieren, beim Sex Schmerzen zu haben. Schmerzen sind nie normal. Flüchte sofort vor jeder Person, die dir sagt, »das geht schon vorbei«, dieses Argument hört

Ich habe starke Regelschmerzen.
Ich epiliere jeden Sommer meine Beine.
Ich leide jeden Monat superheftig unter PMS.
Ich muss meine Haare jede Woche glätten ...
... meinen Damenbart bleichen,
unbequeme und enge Klamotten tragen ...
Also Schmerzen im Bett... NO WAY!!!

man oft bei jeglicher Art von Sex. Aber nein: Das Gegenteil ist der Fall, die Schmerzen werden schlimmer.

- Du musst NIE die Schmerzen einer Geschlechtskrankheit ertragen, die du dir bei einem Partner eingefangen hast, weil er meinte, dass Kondome zu unbequem oder störend sind, und dich so lange bedrängt hat, bis du nachgegeben hast.

- Du musst NIE brutale oder demütigende Sexpraktiken über dich ergehen lassen, besonders, wenn du keine diesbezüglichen Wünsche geäußert hast. Es ist nie harmlos, wenn dich jemand ohrfeigt, brutal behandelt, an den Haaren zieht oder anspuckt.

Gewalt und Schmerzen sind nie »normal« und dürfen zu keinem Zeitpunkt akzeptiert werden.

Danksagung

1000 Dank an alle, die mich zu einigen meiner Zeichnungen inspiriert haben:

- Adeline Rapon (Instagram: @adelinerapon),
- Jessica Prudencio (Instagram: @jessicaprdnc),
- Sara MG,
- Olga Volfson (Instagram: @theutoptimist),
- Lena Dunham,
- und die fantastischen Charaktere aus der Serie Sex Education: Lily, Ola, Otis und Jackson

… Platz für Gedanken und Notizen

... Platz für Gedanken und Notizen

... Platz für Gedanken und Notizen

… Platz für Gedanken und Notizen

... Platz für Gedanken und Notizen

Originaltitel: *Tu n'es pas obligée*

This edition is published by arrangement with BooksAgent (France)
www.booksagent.fr

Dieses Buch erscheint im Rahmen des Förderprogramms
des französischen Außenministeriums, vertreten durch
die Kulturabteilung der französischen Botschaft in Berlin.

2. Auflage 2025

Karl-Liebknecht-Str. 36, 04107 Leipzig
mail@orlanda.de
www.orlanda.de

Übersetzung: Marie-Theres Cermann
Lektorat: Stephanie Koch
Sensitivity Reading: Kena Stüwe
Korrektur: Jessica Zeltner
Cover: Diglee und Reinhard Binder
Satz: brama Studio, Wien
Bildbearbeitung: Reinhard Lang
Druck und Bindung: CPI-Print, Leck
Printed in Germany
ISBN 978-3-949545-61-0

MIX Papier | Fördert gute Waldnutzung FSC® C083411

Bei aller Sorgfalt können auch wir Fehler übersehen. Deshalb freuen wir uns, wenn Sie uns Hinweise auf Fehler an folgende Adresse schicken: mail@orlanda.de